행복한 **수학영재**로 키워주는

어린이를위한 수학의 역사 3

행복한 수학영재로 키워주는

어린이를 위한
수학의 역사 3

계산기의 탄생에서 네이피어까지

*후지와라 야스지로·이광연 지음

살림어린이

추천사

무슨 일이든 좋아서 하지 않으면 잘할 수 없습니다. 수학도 마찬가지입니다. 잘하려면 먼저 좋아해야 합니다. 수학과 친숙해지면 자연히 사물에 대한 사고방식이 정확하고 논리적이 됩니다. 수학의 효과는 그뿐만이 아닙니다. 수학을 사랑하는 사람은 세상을 둘러싼 아름다운 조화를 주위의 모든 사물에서 느낄 수가 있습니다. "신의 생활은 곧 수학이다."라고 노발리스(Novalis)는 말했습니다.

우리가 수학을 좋아하게 되는 이유는 여러 가지이겠지요. 말보다 계산법을 먼저 깨우쳤다는 가우스(F. Gauss)같은 천재는 아마도 태어나면서부터 수학을 사랑했을 겁니다. 반면 19세기의 유클리드(Euclid)라고 불리던 슈타이너(J. Steiner)처럼 열 몇 살이 되어서야 처음으로 수학 공부가 좋아진 경우도 있습니다. 가장 이상적인 것은 초등학교 시절에 수와 도형을 통해서 수학을 좋아하는 싹을 키우는 것입니다. 고학년이 되어 시험을 위해 어쩔 수 없이 수학을 공부하게 되면 이미 제일 어려운 과목, 싫은 과목으로 느껴질 테니까요.

어떻게 하면 우리 아이들이 수학을 좋아할 수 있도록 가르칠 수 있을까? 세상의 모든 수학 선생님들이 고민하고 계시지만 왕도는 없겠지요. 그러나 가장 필요한 것은 무엇보다 재미있게 수학을 설명하는 일이라고 생각합니다. 음식을 먹을 때 아이들은 영양 성분에 대해서는 전혀 관심이 없습니다. 그저 맛있으면 즐겁게 먹지요. 어른들처럼 맛은 좀 없지만 몸에 좋으니까 하면서 먹는 아이들은 결코 없습니다. 마찬가지로 수학 수업을 맛있는 음식처럼 먹을 수 있게 하려면 아이들의 눈높이에서 수학의 원리를 재미있게 설명해서 이해할 수 있도록 해주어야 합니다.

 이 책은 수학이 어떻게 탄생하고 발전해 왔는지 역사를 소개하고, 그 역사 속에서 수많은 학자들이 연구를 위해 흘린 땀과 정열과 좌절, 기쁨을 재미난 일화와 버무려 들려줍니다. 빠르고 정확하게 계산할 수 있는 계산기의 탄생 이야기와 단지 취미로 수학을 연구했지만 다른 프로 수학자들보다 뛰어난 업적을 남긴 아마추어 수학자 이야기 등을 들으면서 따분하던 수학에 흥미를 느끼게 될 것입니다. 그리고 3대 작도 불능 문제와 동서양의 재미있는 수학 문제가 수학에 대한 학습 욕구를 높여줘 재미있는 수학 공부의 디딤돌이 되어 줄 것입니다. 부디 우리 아이들이 이 책을 통해 이 세상에 가득한 수학의 원리를 재미있게 깨달을 수 있게 되기를 바랍니다.

        서울대학교 자연과학대학 수리과학부 교수 김도한

독자 여러분에게

이 책은 너희들이 초등학교에서 배우는 수학의 역사를 쓴 이야기야. 역사라고 하면 어느 나라, 어느 지역의 이야기라고 생각하겠지만, 국어도 과학도 수학도 모두 재미난 역사가 있단다.

너희들, 쌀 한 되라는 말 들어본 적 있니? 되는 지금으로 계산하면 1.8리터야. 귀찮게 1.8리터가 뭐야, 그냥 2리터로 하지, 이런 생각이 들지? 하지만 그 뒤에는 모두 이유가 있단다. 평소 궁금한 사실은 그 배경이 되는 역사를 살펴보면 '아, 그랬구나!' 하고 이유를 알 수 있어. 그래서 역사를 조사하는 일은 굉장히 재미있단다.

  이 책은 수학에 대해서 너희들이 궁금해 하던 것을 재미있게 알 수 있도록 쓴 거야. 수학이 어떻게 발달했는지 발전 과정을 따라가면서 흥미를 느끼게 되고 학교에서 배우는 수학도 재미있게 배울 수 있을 거야. 학교 수학 시간이 따분한 친구들에게는 특별히 이 책을 열심히 읽으라고 권하고 싶구나. 또 평소 수학을 좋아하는 친구들은 옛날의 유명한 수학자들이 어떻게 역사에 남을 위대한 발견을 하게 되었는지 알 수 있으니까 꼭 읽었으면 좋겠고.

  이 책은 역사 이야기지만 역시 수학 이야기니까 내용마다 너희들이 스스로 고민하고 생각하면서 열심히 읽었으면 해.

  이 세상 모든 어린이가 수학의 재미에 푹 빠져들기를 바라면서.

2008년 4월 저자

차례

추천사 • 5

독자 여러분에게 • 8

 ## 계산기의 탄생

1. 옛날 사람들의 계산기, 산목 • 16
2. 산목의 유래 • 21
3. 산목과 주판 • 24

할아버지의 수학⁺ 미니 강좌
: 산목으로 하는 곱셈과 나눗셈 • 26

 ## 3대 작도 불능 문제

1. 자와 컴퍼스로는 풀 수 없는 문제 • 30
2. 임의의 각을 3등분하는 문제 • 34
3. 정육면체의 부피를 두 배로 만드는 문제 • 37
4. 원과 같은 넓이를 갖는 정사각형을 만드는 문제 • 43

할아버지의 수학⁺ 미니 강좌
: 10억 원의 상금이 걸린 수학 문제 • 50

제3장 주판의 발명

1. 옛날 중국의 주판 • 54

2. 우리나라의 주판 • 57

3. 서양의 주판 • 59

4. 필산과 주판의 경쟁 • 62

할아버지의 수학⁺ 미니 강좌
: 필산이 전자계산기보다 빠르다고? • 70

제4장 옛날 사람들은 어떻게 나눗셈을 했을까?

1. 인도 사람이 발명한 계산법 • 74

2. 레오나르도 피보나치 • 81

3. 배를 닮은 이탈리아 나눗셈 • 86

할아버지의 수학⁺ 미니 강좌
: 로마 숫자로 곱셈에 도전해 보자 • 90

제5장 +, -는 누가 맨 처음 사용했을까?

1. 3+4=7의 옛날 표기법 • 94

2. 사칙 연산 기호의 발명 • 96

할아버지의 수학⁺ 미니 강좌
: 옛날 수학 기호는 어떻게 생겼을까? • 103

 ## 제6장 고독한 수학자 타르탈리아

1. 가엾은 어린 시절 • 106
2. 수학 시합 • 108
3. 비겁한 카르다노 • 111

할아버지의 수학 미니 강좌
: 수학계의 여성 파워 • 115

 ## 제7장 동서양의 재미있는 수학문제

1. 조선 시대의 수학 문제 • 118
2. 중세 서양의 수학 문제 • 123

할아버지의 수학 미니 강좌
: 선생님을 놀라게 한 소년 가우스의 계산법 • 136

 ## 제8장 아마추어 수학자 비에트

1. 늦깎이 수학자 • 140
2. 대수학의 아버지 • 144
3. 마법사 비에트 • 148

할아버지의 수학 미니 강좌
: '페르마의 정리'로 유명한 페르마도 아마추어였다고? • 150

제9장 옛날 사람들은 어떻게 길이를 쟀을까?

1. 온몸으로 길이를 재다 • 154
2. 옛날 중국의 자, 주척 • 160
3. 조선 시대 도량형 단위 • 162
4. 미터법의 역사 • 168

할아버지의 수학⁺ 미니 강좌
: 머리가 좋아지는 벽돌 게임 • 170

제10장 괴짜 수학자 네이피어

1. 천문학자의 수명을 늘리다 • 174
2. 네이피어 막대 • 179

할아버지의 수학⁺ 미니 강좌
: 잠수함과 탱크를 예언한 괴짜 수학자 • 182

수학에 대해서라면 모르는 것이 없으신 정민이 할아버지는 동네에서 수학 할아버지로 불린답니다. 할아버지께서는 밤마다 마당에 피워 둔 모닥불 옆에서 아이들에게 수학의 역사와 수학자에 대한 재밌는 이야기를 들려주시지요. 자, 이제 할아버지의 이야기를 함께 들어 볼까요?

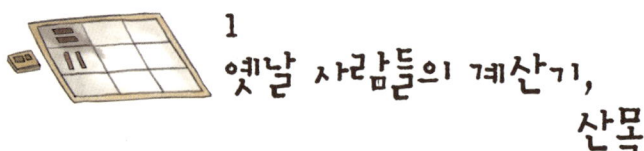

1 옛날 사람들의 계산기, 산목

수학을 배울 때 숫자가 없다면 어떨까. 상상이 안 가지? 하지만 옛날 사람들은 숫자 없이도 계산을 할 수 있었단다. 옛날 사람들이 숫자 대신에 이용한 계산 도구가 바로 산목과 주판이야. 주판은 나중에 이야기하고 오늘은 산목에 대해 알아보자꾸나.

오늘날 '산대', '산가지'라고도 부르는 산목(算木)은 길이가 7센티미터에서 16센티미터 정도 되는 나무 막대기야. 옛날 사람들은 산목을 많이 만들어 산반이라고 하는 넓은 판 위에 놓고 계산을 했어. 이런 계산법을 산주법이라고 해.

산목으로 어떻게 수를 나타내는지 알아볼까? 우선 1을 나타내려면 산목을 세로로 한 개 놓는단다. 2는 두 개, 3은 세 개, 4는 네 개, 5는 다섯 개를 세로로 놓지. 그런데 6의 경우는 한 개만 가로로 놓고 그 밑에 세로로 한 개를 놓는데, 7은 두 개, 8은 세 개, 9는 네 개를 세로로 놓는단다. 이렇게 산목으로 1에서 9까지의 기본 숫자를 나타낼 수 있어.

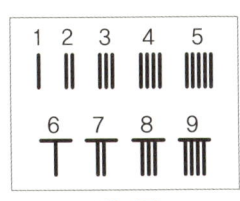
1의 자리

산반에는 바둑판처럼 생긴 정사각형이 있고 각각 1의 자리, 10의 자리, 100의 자리처럼 자리가 정해져 있어서 그 위에 산목을 놓고 숫자를 나타냈어.

그런데 1의 자리, 10의 자리, 100의 자리에 모두 똑같은 방법으로 산목을 놓게 되면 같은 수가 반복되는 경우 혼란이 생길 수 있어. 예를 들어 55는 1의 자리에도, 10의 자리에도 5를 놓게 되니까 산목이 세로로 열 개가 놓여 10과 헷갈릴 수 있지.

그래서 10의 자리에는 1의 자리와 다르게 산목을 가로로 놓았단다. 앞 장의 그림을 잘 보렴. 예를 들어 6이면 가로로 여섯 개여야 하는데 너무 많아서 산목 한 개를 세로로 놓았지? 즉, 10의 자리에서는 세로로 놓은 산목 한 개가 50을 나타내.

그렇다면 100의 자리는 어떨까? 100의 자리는 1의 자리와 마찬가지란다. 1의 자리와 10의 자리만 다르게 하고 그 다음은 차례로 교차시키는 거야. 즉, 1, 100, 10,000의 자리와 10, 1,000의 자리는 산목을 놓는 방법이 같다는 이야기야.

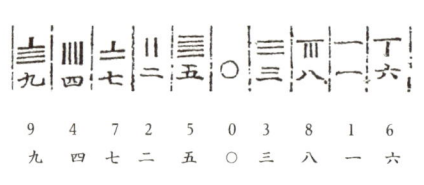

자연수 9,472,503,816을 산목으로 나타냈다.

0일 때는 어떻게 했을까? 그때는 아무것도 놓지 않거나, 바둑알 같은 것을 놓기도 했단다.

너희들도 나무젓가락 같은 것으로 산목을 만들어 보렴. 숫자를 쓰는 것에 비하면 매우 번거롭지만 옛날 사람들은 모두 이렇게 산목을 놓고 수를 계산했단다. 산목은 덧셈, 뺄셈, 곱셈, 나눗셈뿐만 아니라 중학교에서 배우는 제곱근, 세제곱근, 로그(log) 계산까지도 할 수 있었대. 옛날 사람들이 얼마나 훌륭했는지 알 수 있어.

2 산목의 유래

그렇다면 산목은 어디서 유래했을까? 산목의 조상이라고 할 만한 물건이 있는데, 이것을 주(籌), 혹은 산주(算籌)라고 한단다. 산주는 산목보다 길었어. 아주 먼

가천박물관에 전시되어 있는 산목

옛날에는 야외에서도 산목을 사용했기 때문에 바람에 날아가지 않도록 만들어야 했기 때문이야. 산주는 대나무로 만들었는데, 마치 점쟁이가 쓰는 점대나 대나무 젓가락 같다고 생각하면 될 거야.

산목은 삼국 시대 때 우리나라에 들어왔는데 우리 조상들은 뼈로 만든 막대기를 산목으로 사용하기도 했어.

지금까지 할아버지가 말한 것을 정리해 보면 산목은 시대에 따라 길이와 모양이 달랐다는 것을 알 수 있지? 조선 시대의 수학자 최석정은 『구수략』이라는 수학 책에서 산목을 이렇게 설명하고 있어.

"옛날에는 대나무로 산대를 만들었다. 지름이 1푼(약 0.33센티미터)이고, 길이가 6치(약 20센티미터)인데 (중략) 근세에는 대나무 산대를 원이 아니라 삼릉(세모꼴)으로 만들었다."

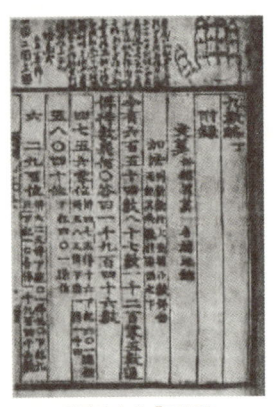

최석정이 쓴 『구수략』

대나무 이외에도 쇠붙이, 상아, 옥 등으로 산목을 만들었다고 해. 하지만 아직까지 쇠붙이나 옥으로 만든 산목은 발견되지 않고 있어.

이후 산목은 우리나라를 거쳐 일본으로 전해졌고 정확한 연대는 모르지만 나라(奈良)시대에 산목을 사용해 계산을 했다고 해. 나중에는 대나무로 만든 산목이 원형이라 판 위에 고정시키기 어려웠기 때문에 네모난 형태로 바뀌었어.

 우리 조상들이 산목을 사용하여 계산한 흔적은 한자에서도 찾아볼 수 있어. 예를 들어 산수의 산(算)은 대나무 죽(竹)자에서 나온 글자야. 또 계산하는 것을 연산(演算)이라고 하는데, 연산도 옛날 사람들이 산목을 이리저리 움직여 계산하는 모양에서 나온 말이란다.

3
산목과 주판

 산목이 발명되고 오랜 세월이 흐르자 이번에는 주판이라는 계산 도구가 중국에 나타났단다. 산목과 주판 중 어느 쪽이 편리할까? 아마 다들 주판이라고 생각할 거야. 맞아, 그래서 우리나라도, 중국도 주판을 더 많이 사용했어. 하지만 여전히 산목을 고집하는 사람들도 많았어. 사용하기 불편한 산목이었지만 버릴 수 없는 중요한 이유가 있었기 때문이야.
 주판은 덧셈, 뺄셈, 곱셈, 나눗셈의 계산은 매우 편리했지만 조금 어려운 계산인 제곱근이나 세제곱근 같은 문제는 풀기가 어려웠어. 하지만 산목은 이보다 더 어려운 로그 문제까지 쉽게 계산할 수 있었지. 이런 이유 때문에 산목의 생명력은 생각보다 훨씬 더 길었단다.

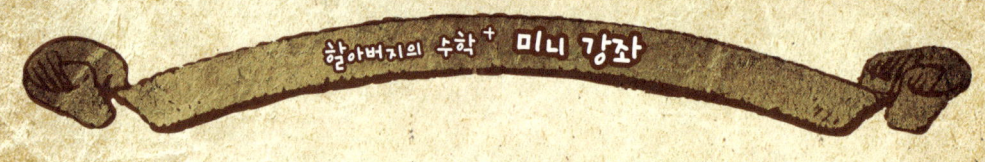

산목으로 하는 곱셈과 나눗셈

　그럼, 지금부터 직접 산목으로 계산을 해보자꾸나. 덧셈과 뺄셈은 너무 쉬우니까 곱셈과 나눗셈으로 할까?

　먼저 27×36의 셈을 한 번 해 보자.

　먼저 그림 (1)번처럼 27과 36을 산목으로 놓고 한가운데를 비워 놔. 곱셈의 답을 바로 여기에 표시하는 거지. 그 다음에는 36을 27의 앞머리 숫자 밑으로 옮겨. 그리고 3과 6을 각각 2에 곱한 결과를 산목으로 나타내. 그렇게 한 것이 (3)번과 (4)번이란다.

　이 계산이 끝나면 산목을 다시 오른쪽으로 옮겨서 (3)번과 (4)번에서 했던 것처럼 계산하면 돼. 그 과정이 그림 (5)번과 (6)번이야.

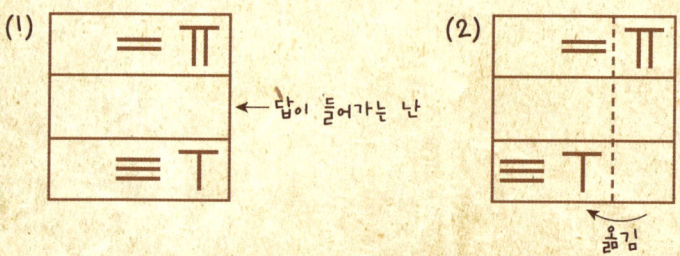

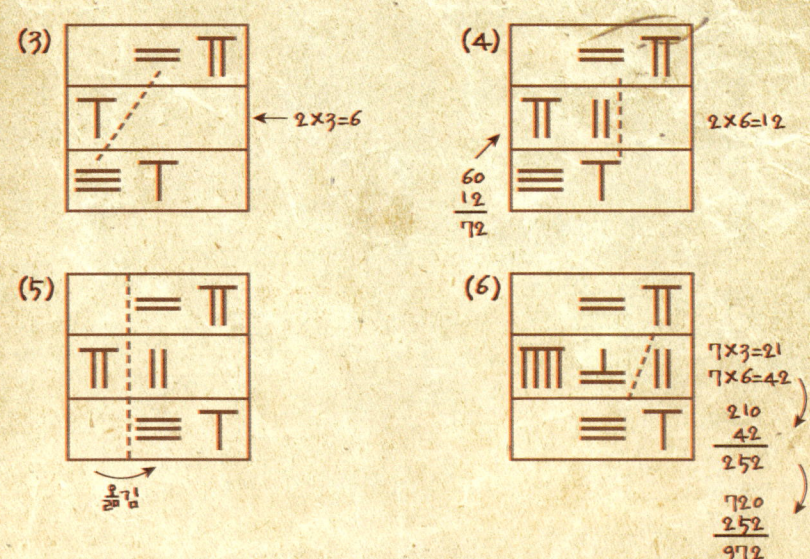

　나눗셈은 어떻게 했을까? 덧셈이나 뺄셈, 곱셈에 비해 나눗셈을 산목으로 계산하는 것은 약간 복잡해.

　972를 27로 나누기 위해 산목을 놓은 그림이 (1)번이고 이것을 다시 옮긴 것이 (2)번이야. (3)번은 9에서 2×3을 뺀 수를 산목으로 나타낸 거야. 2×4도 9보다 작으니 가능할 수도 있지만 97에는 27이 4번 이상 들어갈 수 없단다. (4)번에서는 3과 7을 곱하여 남아 있던 37에서 뺀 것이고, (5)번은 다시 오른쪽으로 산목을 옮긴 거야. (6)번은 6에 대하여 앞에서처럼 계산을 한 것이지. 그래서 몫은 36이 나온단다.

좀 복잡하지? 그런데 우리 선조들은 이 산목으로 아주 어려운 계산도 척척 해냈단다. 오늘날로 치면 전자계산기와 같은 것이었지.

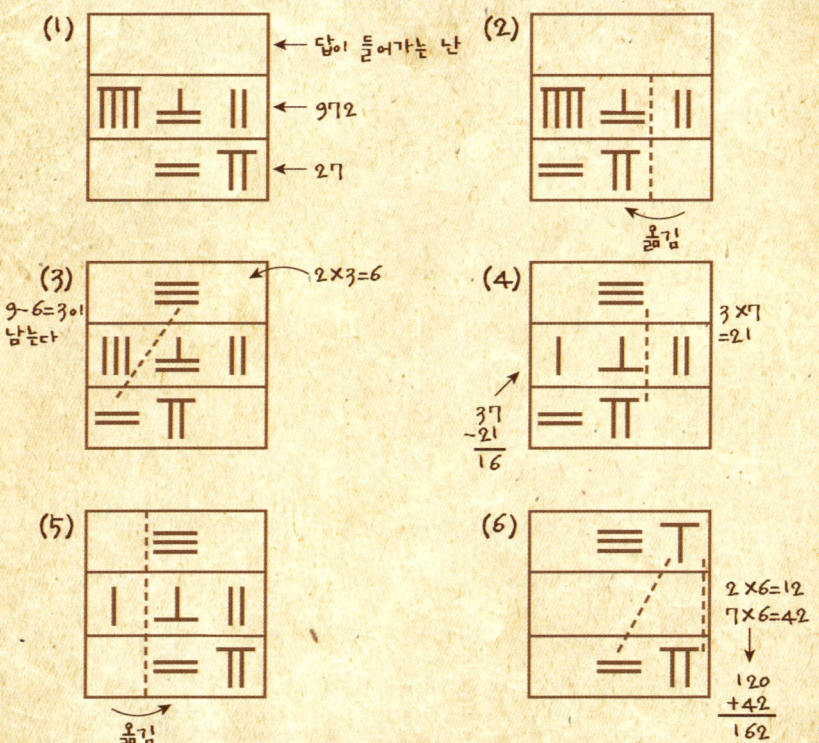

제2장

3대 작도 불능 문제

1 자와 컴퍼스로는 풀 수 없는 문제

 옛날 그리스 수학자들이 생각해 낸 문제 중에서 '3대 작도(作圖)불능 문제'라는 것이 있었어.
　1. 임의의 각을 3등분하는 문제
　2. 정육면체의 부피를 두 배로 만드는 문제
　3. 원과 같은 넓이를 갖는 정사각형을 만드는 문제

 이 문제에는 '눈금 없는 자와 컴퍼스'(이것을 유클리드의 도구라고 하지.) 말고 다른 도구는 사용해서는 안 된다는 조건이 붙어 있

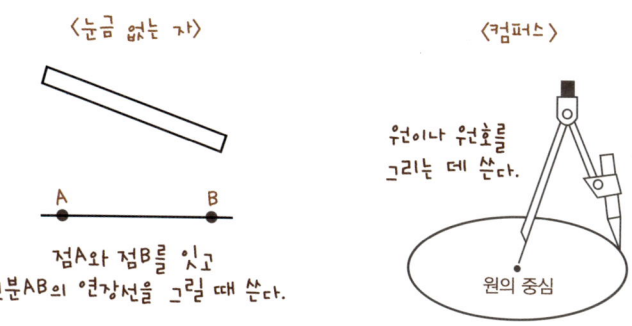

유클리드 도구인 눈금 없는 자와 컴퍼스의 용도

었지. 그렇다면 왜 고대 그리스 사람들은 이렇게 까다로운 조건을 내걸고 작도를 했을까? 그리스 사람들은 '가장 완전한 도형은 직선과 원이며, 그래서 신도 이 두 가지를 소중히 여긴다.'라는 믿음이 있었어. 그래서 작도할 때 직선과 원만을 그릴 수 있는 눈금 없는 자와 컴퍼스만 사용했단다.

3대 작도 불능 문제를 알아보기 전에 먼저 '자와 컴퍼스만을 사용하여 작도하라.'는 의미를 살펴보도록 하자.

자와 컴퍼스로 작도해서 얻을 수 있는 점의 위치는 원과 원, 원과 직선, 직선과 직선의 교차점밖에는 없어. 또 선분의 길이는 이 같은 방법으로 얻어지는 점끼리의 최단 거리란다. 따라서 이것을 유리수를 계수로 갖는 방정식으로 바꾸면 결국, 원과 직선을 나타내는 각종 방정식을 연립하여 그 방정식을 만족하는 점의 위치를 구하는 것이 되지. 또, 구해진 점과 점 사이의 거리를 구하는 식을 찾는 문제가 되는 거란다.

이것을 대수적으로 한번 표현해 보자. 반지름이 r인 원의 방정식은 $x^2+y^2=r^2$이고 임의의 직선 방정식은 $y=ax+b$이므로, 이와

같은 방정식을 푼다는 것은 기껏해야 2차 방정식을 푸는 거랑 같아. 그리고 2차 방정식의 근은 주어진 방정식의 근과 계수의 관계를 이용하면 쉽게 구할 수 있지. 결국 2차 방정식의 근은 미지수의 계수에 가감승제와 제곱근($\sqrt{\ }$)을 유한 번 사용하여 만들어지는 수들이란다. 따라서 작도가 가능한 수는 유리수와 제곱근에 가감승제를 유한 번 사용하여 만들 수 있는 수야.

예를 들어 제곱하여 2가 되는 $\sqrt{2}$는 작도할 수 있어도, 세제곱하여 2가 되는 $\sqrt[3]{2}$는 제곱근을 유한 번 사용해도 얻을 수 없는 수이므로 작도할 수 없는 수야. 원주율도 마찬가지 이유로 작도할 수 없단다.

수학이 발달한 그리스였지만 이 문제를 풀기 위해 많은 수학자들이 고심을 했단다. 그리스 시대 이후에도 유명한 수학자들이 이 문제에 도전했지만 아무도 풀지 못했어. 19세기에 와서야 자와 컴퍼스만으로는 도저히 풀 수 없다는 것이 증명되어서 지금은 이 문제를 풀려고 하는 사람이 없어. 그럼, 그토록 오랜 시간 동안 수학자들을 괴롭힌 '3대 작도 불능 문제'는 도대체 어떤 것이었을까?

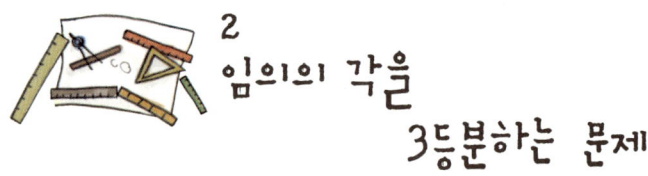
2 임의의 각을 3등분하는 문제

    이 문제를 최초로 연구한 사람은 기원전 6세기경 그리스의 히피아스(Hippias, 기원전 560?~490)야.

    피타고라스보다 조금 후세의 사람으로 임의의 각을 3등분하는 방법을 구하려 했지만 결국 실패하고 말았지. 하지만 그는 이 문제를 연구하다가 '초월곡선(超越曲線)'을 발견했어. 초월곡선은 공을 던졌을 때 그려지는, 원과 다른 모양의 곡선이란다. 이 곡선에 대해서는 고등학교나 대학교에서 자세히 배우게 될 거야.

    히피아스는 이 곡선을 이용하면 각의 3등분은 물론 원하는 만큼 몇 등분이라도 할 수 있다는 것을 발견했어. 결국 히피아스는 임의의 각을 3등분하는 문제 풀이에는 실패했지만, 덕분에 훌륭한 수학적 발견을 하게 되었지.

눈금 없는 자와 컴퍼스만으로는 임의의 각을 3등분할 수 없는 이유를 알아볼까?

먼저 임의의 각이 있으면 그 각을 끼고 있는 두 선분이 있겠지. 이것을 식으로 표현하면 ∠AOB=a가 되겠지.

이제 a의 각을 3등분해야 하는데 그러기 위해서는 ∠AOC=$\frac{a}{3}$가 되어야겠지. 그런데 이것이 불가능함을 증명하려면 그 어렵다는 삼각함수 공식이 나와야 돼. sin, cos하는 거 너희도 들어 봤지? 지금 할아버지가 아무리 쉽게 설명을 해도 이해하기가 힘들 거야. 그러니 이 문제는 너희가 고등학교에서 삼각함수를 배울 때까지 잠시 미뤄두도록 하자꾸나.

그런데 임의의 각을 3등분하는 작도가 불가능하다고 해서 어떠한 각도 3등분하는 작도가 불가능한 것은 아니야. 가령, 직각은 눈금 없는 자와 컴퍼스만으로 3등분하는 것이 가능하단다. 즉, 주어진 직각에 대하여 중심을 O로 하여 적당히 컴퍼스를 벌려서

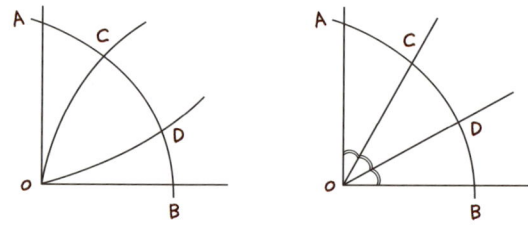

반지름의 호 $\widehat{AB}$를 그려보자. 그 다음 각각 A, B를 중심으로 하여 같은 크기의 반지름의 호를 그리면, 처음 호 $\widehat{AB}$와 만나는 점 C, D가 생겨. 그러면 직각 AOB는 반직선 $\overline{OC}$, $\overline{OD}$에 의하여 3등분이 되지. 아주 쉽지?

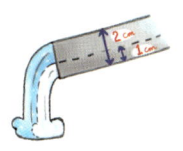

3 정육면체의 부피를 두 배로 만드는 문제

부피가 두 배가 되는 정육면체를 만드는 문제는 언뜻 쉽게 느껴질 수도 있어. 주사위를 두 개 겹쳐 놓으면 되지 않나 하고 생각할 수도 있을 거야. 하지만 이 문제의 정확한 뜻은 한 정육면체의 부피가 두 배가 되는 정육면체를 만드는 것이야. 완성된 도형은 정육면체이면서 원래보다 부피가 두 배가 되어야 한다는 뜻이지.

이 문제와 관련해서 재미있는 신화가 전해진단다. 옛날 그리스의 델로스라는 마을에 전염병이 퍼져서 많은 사람들이 죽었어. 사람들은 병의 전염을 막고 예방하기 위해 애썼지만 아무 효과도 없이 전염병은 점점 더 퍼져 나갔단다. 결국 사람의 힘으로는 어찌할 수 없으니 신에게 기원을 해서 신탁으로 이 전염병을 퇴치하자는 결론을 내렸어. 그래서 마을의 대표자가 델로스의 아폴로 신전에 가서 참배를 드리고 신탁을 구했지. 아폴로 신이 내린 신탁은 다음과 같았어.

'너희가 사는 곳에 있는, 아폴로 신을 모시는 제단을 새로 세워라. 지금보다 딱 두 배의 크기로 만들면 전염병은 사라질 것이다.'

마을 사람들은 매우 기뻐하며 그런 것쯤이야 하는 생각으로 목수들을 데려다가 당장 제단을 새로 만들기 시작했어. 마침내 완성

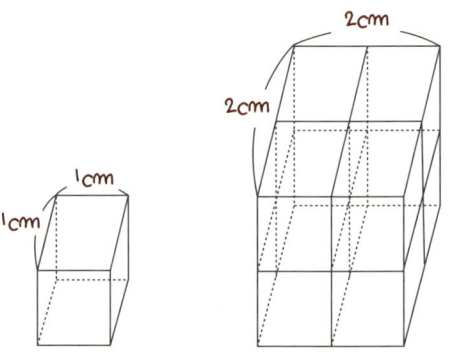

모서리의 길이를 두 배로 늘리면 부피는 여덟 배가 된다.

된 제단은 정육면체를 두 개 나란히 늘어 놓은 모양이었어.

하지만 아폴로 신이 말한 것은 이런 모양이 아니었어. 그제서야 사람들은 '두 개의 정육면체를 나란히 놓는 것이 아니라 원래 부피의 두 배가 되는 정육면체 제단을 만드는 것이다.' 라는 사실을 깨달았어. 그래서 이번에는 한 모서리의 길이가 원래의 두 배가 되는 정육면체의 제단을 만들었지. 하지만 이번에는 원래 크기의 여덟 배가 되어 버렸지.

사람들은 당황해서 전염병을 물리치기는커녕, 오히려 신의 노여움을 사게 되었다고 두려워했단다. 그래서 수학자들에게 이 문제를 풀어달라고 부탁했어. 수학자들은 오랜 연구 끝에 두 배의 정육면체 부피를 갖는 도형은 만들 수 없다고 결론 내렸지. 하지만 다행히 그 뒤로 전염병도 사라졌다고 해.

당시는 수학 수준이 그렇게 높지 않았기 때문에 한 변의 길이가 변화하면 그에 따라서 넓이나 부피가 어떻게 달라지는지 잘 몰랐던 거지.

지금도 사정은 비슷해. 한 동네에 강물을 수도관으로 끌어다가

관의 직경이 두 배가 되면 끌어올리는 힘도 두 배가 된다.
그러나 물의 무게(양)는 직경의 제곱에 비례하므로 네 배가 된다.

쓰는 공장이 있었단다. 공장에 더 많은 양의 물이 필요해서 공장 주가 강 주인에게

"지금 사용하는 관의 직경보다 두 배 더 크게 만들고 싶은데 허락해 주시오. 그 대신 요금도 두 배로 지불할 테니."라고 말했어. 그러자 강 주인은 쾌히 승낙을 했지. 강 주인도 고대 그리스 사람들처럼 직경이 두 배가 되면 물을 두 배가 아니라 네 배만큼 끌어올 수 있다는 것을 몰랐던 거야.

당시 이 문제를 연구한 사람은 그리스의 히포크라테스였어. 그도 이론상으로는 정육면체의 한 변을 계산할 수 있었지만, '자와 컴퍼스' 만으로는 도저히 그릴 수 없었지. 결국 문제를 풀지 못했지만 연구하는 동안에 히피아스처럼 뛰어난 수학적 발견을 하게 되었는데 이 이야기는 조금 있다 해 줄게.

이제 정육면체의 부피를 두 배로 만드는 작도가 불가능한 이유를 알아보도록 하자꾸나.

주어진 정육면체 한 변의 길이를 a, 작도하고자 하는 정육면체의 한 변의 길이를 x라고 하자. 그러면

$$x^3 = 2a^3, \quad a > 0, \quad x > 0$$

$$x = \sqrt[3]{2}\, a$$

그런데 $\sqrt[3]{2}$ 는 작도가 불가능하므로 x를 작도할 수 없어.

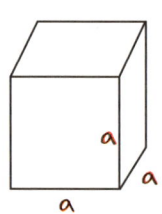
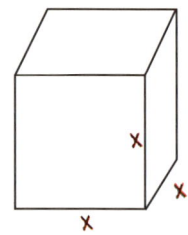

4 원과 같은 넓이를 갖는 정사각형을 만드는 문제

원을 정사각형으로 만든다는 것은 그 원과 같은 넓이를 가진 정사각형을 그린다는 뜻이야. 이 문제는 3대 작도 불능 문제 중에서 가장 많은 사람들이 연구한 것이기도 해.

이 문제를 제일 먼저 생각한 사람은 그리스의 수학자 아낙사고라스(Anaxagoras, 기원전 500?~428?)야. 기원전 5세기 무렵의 유명한 철학자이자 천문학자였지.

당시 사람들은 별이나 달의 움직임 등 천문에 관한 일은 모두 신이 행하는 일이라고 생각했어. 하지만 아낙사고라스는 이런 자연 현상을 논리적으로 설명했기 때문에 '신을 배반한 자'라는 이유로 감옥에 갇히고 말았단다. 그는 감옥에 들어가서도 책 한 권 없이 수학을 연구했다고 해. 감옥 안에서 원의 넓이와 똑같은 정사각형을 작도하기 위해서 자와 컴퍼스를 사용해서 고민했던 거야. 하지만 결국 문제를 풀지 못했어. 그리고 아낙사고라스는 감옥에서 사형을 당하고 말았지.

아낙사고라스 이후 100년 정도 지나 히포크라테스라는 사람이 또 이 문제를 열심히 연구했어. 하지만 그도 끝내 문제 풀이에 실패하고 말았어. 그 후 2000년 동안 많은 수학자들이 자와 컴퍼스만으로 이 문제를 풀기 위해 애썼단다. 결국 1882년 린데만(Ferdinand Lindemann)이라는 수학자가 '자와 컴퍼스만으로는 원을 정사각형으로 작도할 수 없다.'는 것을 밝혀냈어. 그제서야 더 이상 이 문제로 고민하는 사람들이 없어졌지.

여기서 잠깐, 방금 전에 나온 히포크라테스에 대해 잠시 알아보자꾸나. 너희들은 히포크라테스하면 '히포크라테스의 선서'로 유명한 의학자 히포크라테스를 먼저 떠올리겠지. 하지만 여기서 말하는 히포크라테스는 의사가 아니라 수학자 히포크라테스야. 두 사람 다 동시대 사람이었지.

그리스의 코스 섬에서 태어난 명의(名醫) 히포크라테스는 암이라는 무서운 질병을 '게'라는 의미의 그리스어 '카르키노스(carcinoss)'라고 처음 이름 붙인 사람이지. 암을 뜻하는 영어인

'캔서(cancer)'의 어원이 바로 카르키노스란다. 후세 사람들은 의학자 히포크라테스가 암을 카르키노스라고 이름 붙인 이유를 암세포가 게의 걸음걸이처럼 옆으로 잘 퍼지고, 암세포 표면이 게 껍질처럼 단단해서라고 해석하고 있지.

이처럼 의학에서 중요한 역할을 한 히포크라테스와 마찬가지로 수학자 히포크라테스 역시 수학계에 아주 많은 기여를 했단다. 대표적인 것 두 가지만 살펴볼까?

첫 번째는 『기하학의 원론』을 저술한 거야. 비록 1세기 후에 유클리드의 『원론』 때문에 빛을 잃기는 했지만 기하학의 공리와 공준을 처음으로 만들고 논리적인 방법으로 정리들을 전개했단다.

두 번째 업적은 '초승달 구적(求積)법'인데 이것은 초승달 모양의 도형과 같은 넓이를 갖는 직각이등변삼각형을 눈금 없는 자와 컴퍼스로 작도하는 거란다. 이것을 계기로 그리스인들은 원의 구적에도 낙관적인 견해를 보이기 시작했지.

사실 구적에 관한 문제는 그리스인들에게 수학 이상의 의미가 있었어. 실제로 불규칙적인 토지의 경계 탓에 자기 토지의 정확한

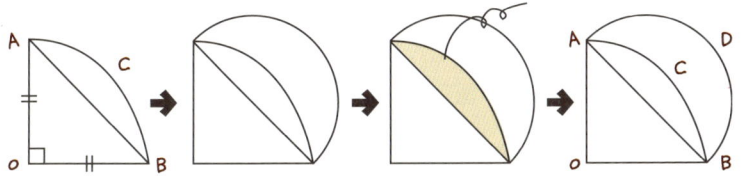

△AOB의 넓이=초승달 ACBD의 넓이

넓이를 구하는 것이 매우 어려웠단다. 그러나 구적을 구할 수 있다면 이 문제를 아주 간단히 해결할 수 있지. 그리고 구적법을 알면 비대칭이거나 불완전하게 보이는 것을 완전하고 아름다운 형태로 바꿀 수도 있어.

지금까지 할아버지가 한 이야기를 듣고 너희들은 이런 생각을 할 거야.

"왜 할 수 없는 걸까? 그리고 할 수 없으면 할 수 없다고, 왜 진작 알지 못했을까?"

그 이유는 다음과 같단다.

주어진 원과 같은 넓이의 정사각형을 작도하려면 우선 원의 정확한 넓이를 알아야 해. 원의 넓이를 구하는 방법은 아르키메데스가 발견했지. 그는 원의 넓이를 '원의 둘레를 밑변으로 하고 반지름을 높이로 하는 삼각형의 넓이와 같다.'라고 했어. 원의 둘레는 원의 지름에 원주율을 곱하면 된다고 생각하겠지만, 지금 사용하는 원주율은 대략적인 수치로 정확한 수치는 알지 못한단다. 정확한 원주율을 알지 못했기 때문에 원주율에 직접 관계된 이 문제가 좀처럼 풀리지 않았지.

그런데 1761년에 독일의 람베르트(Johann Heinrich Lambert, 1728~1777)라는 수학자가 원주율은 보통의 수가 아니라 아무리 계산해도 정확한 수치를 구할 수 없는 무리수(無理數)라는 사실을 밝혀냈어.

람베르트의 발견 이후 원주율을 구하려고 하는 사람도 없어졌고, 원과 같은 넓이의 정사각형을 작도하는 일도 불가능하다는 것을 알게 되었지. 오랫동안 수수께끼였던 이 문제는 결국 자취를 감추게 되었지만, 덕분에 원주율에 대한 연구가 굉장히 발전했단다.

실제로 주어진 원의 반지름을 r, 작도하고자 하는 정사각형의 한 변의 길이를 x라고 하면

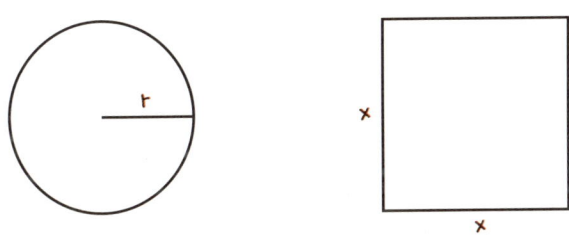

$$x^2 = \pi r^2, \quad r > 0, \quad x > 0$$

$x = r\sqrt{\pi}$ 라는 식이 나와.

하지만 π가 작도 불가능하니까 $\sqrt{\pi}$도 작도가 불가능하겠지? 그래서 정사각형 한 변의 길이인 x를 작도할 수 없는 거란다.

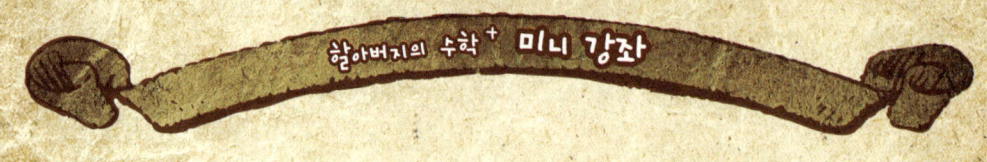

10억 원의 상금이 걸린 수학 문제

독일의 수학자 리만

옛날 수학자들이 3대 작도 문제로 골치를 썩었다면 오늘날의 수학자들은 이른바 수학계의 7대 난제로 어려움을 겪고 있단다. 리만 가설, P대 NP 문제, 푸앵카레의 예측, 양-밀스 이론과 질량 간극 가설, 내비어-스톡스 방정식, 버츠와 스위너톤-다이어 추측, 호지 추측이 그것인데 모두 너무 어려운 문제라서 이것들을 설명하는 데도 책 한 권으로는 부족할 지경이지. 그래서 지난 2000년 '클레이 수학 연구소'에서 각 문제마다 무려 10억 원(1백만 달러)의 상금을 내걸었단다. 도대체 얼마나 어렵고 중요한 문제이기에 10억 원이나 주는 것일까? 너희들도 궁금하지 않니?

오늘은 7대 난제 가운데 우리 생활과 밀접한 관련을 맺고 있는 '리만 가설'에 대해 간단히 알아보도록 하자.

리만 가설은 1859년 독일의 수학자 게오르크 프리드리히 베른하르트 리만(Georg Friedrich Bernhard Riemann, 1826~1866)이 처음 제기한 문제로 어떤 복소수 함수가 0이 되는 값들의 분포에 대한 가설을 말해. 즉, 1과 그 수 자신으로만 나누어 떨어지는 소수(2·3·5·7·11)들이 일정한 패턴을 보인다는 학설이지. 더 깊이 들어가면 너무 복잡하니까 일단 이론은 여기까지만 하자.

문제는 이 가설에 대한 내용을 리만이 죽으면서 자신의 모든 서류와 함께 불태워 버리면서 시작해. 그 뒤 전 세계의 뛰어난 수학자들이 이 가설을 풀고자 했지만 모두 실패했지. 리만 가설은 지금까지도 수학계 최대 난제로 남아 있어.

방금 할아버지가 리만 가설이 우리 생활과 밀접한 관련이 있다고 했지. 만약 리만 가설이 풀리면 우리가 집에서, 혹은 회사에서 편리하게 이용하는 전자상거래가 정지돼 버려. 인터넷 뱅킹도 못하고, 인터넷으로 옷도, 신발도 살 수가 없게 되는 거지. 리만 가설이 전자상거래의 핵심인 '공개키 암호체계'를 무력화시켜 버리기 때문이야.

좀 더 쉬운 예를 들어볼까. 31,625가 어떤 소수의 곱인가를 알기 위해 인수분해를 하라고 하면 시간이 오래 걸리겠지. 하지만 125×253을 계산하라고 하면 앞에서보다 훨씬 빠르게 31,625가 나올 거야. 이처럼 곱하는 것은 쉬워도 역으로 인수분해가 어려운 특성을 이용해 만든 것이 공개키 암호체계야.

지금은 소수의 자릿수를 최대 100자리 이상으로 늘려서 암호화하고 있어.

이렇게 만든 수는 자릿수만 수백 자리이므로 어떤 수의 곱으로 이뤄졌는지 슈퍼컴퓨터로 계산하더라도 수천 년 이상이 걸려. 그런데 리만 가설이 풀리면 소수의 일정한 패턴을 찾아내 빠르게 구할 수 있고, 암호로 사용한 소수를 쉽게 찾아내 공개키 암호체계를 순식간에 무너뜨리게 돼.

 영화 〈뷰티풀 마인드〉의 실제 주인공이었던 1994년 노벨 경제학상 수상자인 존 내시가 리만 가설을 풀기 위해 노력했지만 결국 실패했다고 해.

 지금까지 간략히 리만 가설에 대해 알아봤는데 어때, 솔직히 잘 모르겠지? 당연한 일이야. 아주 뛰어난 수학자들도 풀지 못해 전전긍긍하는 수학 문제인데 우리가 이렇게 쉽게 이해하면 다른 수학자 아저씨들이 무지 화를 낼지도 몰라. 하지만 이런 어려운 문제가 있고 이 문제들을 풀기 위해 많은 수학자들이 열심히 노력하고 있다는 사실은 알아야 하겠지?

1 옛날 중국의 주판

지금 우리가 배우는 수학은 대부분 서양에서 들어온 연산법에 의한 것이야. 하지만 옛날 사람들은 오늘날과는 다른 방법으로 계산을 했단다. 대표적인 것이 산목과 주판으로 하는 계산법인데 산목 계산법은 이미 이야기했으니 오늘은 주판 계산법에 대해서 알아보도록 하자.

주판은 중국 원나라 시대에 발명된 것으로 알려져 있어. 하지만 그보다 훨씬 더 옛날에 생겼으리라고 추측하고 있지.

처음 만든 주판은 윗부분에 한 개의 주판알이 있고, 아랫부분에

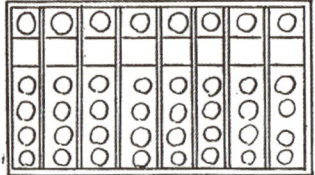
고대의 주판

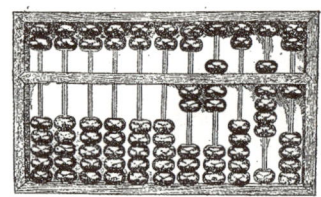
옛 중국의 주판

네 개의 주판알이 있었어. 주판알은 지금처럼 기둥에 꽂힌 것이 아니라 홈 안에 들어 있었다고 해.

그 후에 만든 주판은 지금도 중국에서 쓰고 있는 거란다. 이 주판은 윗부분에 주판알이 두 개 있고 아랫부분에 주판알이 다섯 개 있어. 주판알이 동그란 것이 특징이지.

2 우리나라의 주판

우리나라에 주판이 도입된 시기는 조선 시대 중기쯤으로 추정하고 있어. 이 무렵 중국은 이미 산목을 버리고 주판을 사용하고 있었어. 하지만 우리나라는 주판 도입 이후에도 한동안 산목을 이용해서 계산을 했지.

산목으로 하는 계산법은 조선 시대 산학의 기본 교과서였던 『양면산법』에서 자세히 설명하고 있어. 그리고 이 계산법이 조선 시대 말까지 지속되었다는 것은 남병길이 쓴 『산학정의』를 봐도 알 수 있지. 또 17세기 중엽 제주도에 표류했던 네덜란드 선원 하멜이 자신의 체험기 『하멜 표류기』에서 당시 조선의 일반적인 계산법이었던 산목을 소개하고 있지. 개화 말기에 한국을 방문했던 일본인의 견문록에서도 산목을 일반적인 계산 방법으로 사용하고 있음을 전해주고 있단다.

중국이 산목을 버리고 주판으로 바꾼 이후에도 계속해서 산목을 사용하던 우리나라는 조선 시대 말에 상업 사회의 발전으로 산목이 점점 쇠퇴하기 시작했지. 결국 산목은 자신의 자리를 주판에 내주고 말았지.

조선 말에 사용하기 시작한 주판은 중국의 주판처럼 상단에 두 개의 알이 있는 것이었는데 점차 상단에 알이 한 개인 주판으로 바뀌었지. 그 후 주판은 1980년대까지 사용되었으나 전자계산기와 컴퓨터의 발전으로 현재는 거의 사용되지 않고 있지.

남병길이 쓴 『산학정의』

3 서양의 주판

옛날 이집트, 그리스 등지에서 주판을 사용했는데 모양은 중국이나 우리나라와는 많이 달랐어.

옛날 서양의 주판은 편평한 판자에 세로로 줄을 그어 놓은 것이었어. 줄의 맨 오른쪽이 1의 자리를 나타냈고, 그 다음이 10의 자리, 100의 자리를 나타냈어. 이 판 위에 돌멩이 같은 것을 놓고 수를 나타내거나 계산을 하곤 했어. 예를 들어 85라면 오른쪽에서 둘째 자리에 돌을 여덟 개 놓고, 오른쪽 첫째 자리에는 다섯 개를 놓는 거지.

이 주판은 작은 수를 계산할 때는 편리했지만 큰 수는 계산하기가 무척 번거로웠어. 게다가 이집트나 그리스 사람들은 나눗셈을 할 때 나누는 수를 하나하나 빼는 방법을 썼으니까, 더더욱 시간이 오래 걸렸지. 하지만 필산이 발달할 때까지 이 주판으로 계속 계산을 했단다.

로마는 이들 나라와는 달리, 주판 사용법이 발달해서 학교에서 학생들에게 주판을 많이 가르쳤어.

로마식 주판은 금으로 만든 판에 홈을 파서 그 위를 구슬이

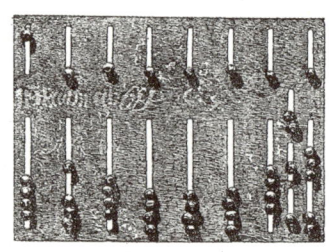

로마에서 사용하던 주판

움직이도록 만들어 놓았어. 윗부분에 있는 구슬 하나가 5를 나타내고, 아랫부분에 있는 네 개의 구슬이 각각 1을 나타냈단다.

이 주판 하나로 9,999,999까지 나타낼 수 있었어. 오른쪽 맨 끝에 있는 두 줄은 분수를 나타낼 때 쓰였다고 해. 옛날 로마 주판은 최초의 중국 주판과 비슷한 점이 많았어.

10세기 후반에 제르베르(Gerbert d'Aurillac, 930?~1003)라는 사람이 교황 실베스테르 2세(Sylvester II)가 되었는데, 『산판의 계산법』이라는 책까지 써서 주판 사용을 권장했단다. 그래서인지 주판 사용 기술이 점점 발달해 덧셈, 뺄셈, 곱셈 등의 계산은 필산과 별 차이가 없었지. 하지만 나눗셈만큼은 여전히 어려웠단다.

4 필산과 주판의 경쟁

　10세기 무렵에 인도와 아라비아에서 사용하던 필산이 점차 로마에 전해지게 되었어. 필산이 빠르고 편리하니까 로마 사람들도 점점 필산을 많이 사용하게 되었지. 특히 나눗셈 때문에 골치 아파했던 로마 사람들은 필산으로 하는 나눗셈을 배운 뒤로는 주판을 멀리하게 되었단다. 주판을 권장했던 교황 실베스테르 2세도 아라비아에서 전해진 필산의 나눗셈을 '황금의 나눗셈', 주판에 의한 나눗셈을 '철의 나눗셈'이라고 말할 정도였어.
　세월이 흐르면서 주판의 모양도 점점 바뀌어 갔어. 판에 가로로 선을 긋고 그 위에 수를 표시하는 구슬 같은 것을 놓게 되었지.

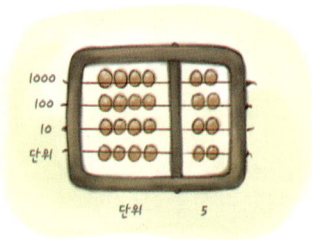

위에 그림처럼 가운데가 나누어진 수평 줄의 왼쪽에는 네 개의 구슬이 있고 오른쪽에는 한 개나 두 개의 구슬이 있었어. 여기서 왼쪽의 각 구슬은 1을 나타내고 오른쪽 구슬은 각각 5를 나타내. 맨 밑줄의 구슬들은 1의 자리이고, 둘째 줄은 10, 셋째 줄은 100, 넷째 줄은 1000의 자리를 나타냈지. 이것을 이용한 덧셈이나 뺄셈은 몇 가지 수적인 사실만 알면 아주 쉽게 할 수 있어. 한 번 해 볼까?

4463과 1358을 더해보자. 우선 4463을 주판에 나타내면 다음과 같아.

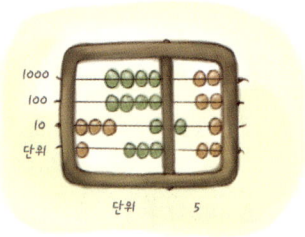

그 다음 1358을 더하는 과정을 보자.

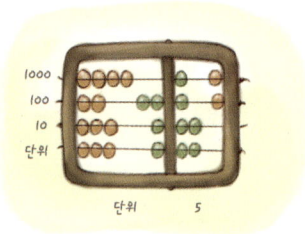

1000을 나타내는 줄에서 왼쪽 구슬의 수가 네 개이고, 하나를 더하는 것은 5000을 나타내는 구슬을 하나 왼쪽으로 움직이고 1000을 나타내는 구슬 네 개를 왼쪽으로 움직이는 것과 같아. 100을 나타내는 줄에서 왼쪽 구슬의 수 4에 3을 더하는 것은 3=5-2이므로 500을 나타내는 줄에서 구슬을 하나 왼쪽으로 움직이고

100을 나타내는 줄에서 구슬 두 개를 왼쪽으로 움직이면 돼. 10과 1의 자리에서도 마찬가지 방법으로 움직인 뒤에 두 수의 합을 표시하면 다음과 같아.

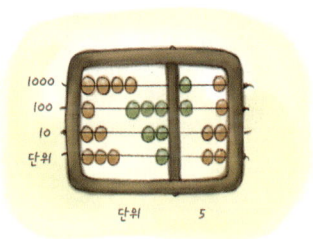

1의 자리 두 개의 5는 하나의 10이 되고, 10을 나타내는 줄에서 두 개의 50은 하나의 100이 되어 답은 5821이 된단다.

뺄셈은 덧셈을 하는 과정을 역으로 하면 되는데, 4463에서

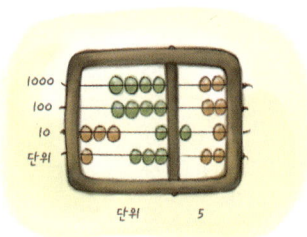

1358을 빼려면 먼저 큰 숫자를 주판의 줄에 표시하면 돼. 그런 다음 작은 숫자에 해당하는 구슬을 움직이는 거지.

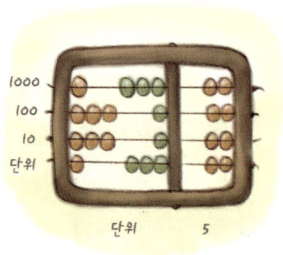

1000의 자리에서 구슬 한 개를 움직이면 세 개가 남고, 100의 자리에서 세 개를 움직이면 한 개가 남겠지. 그리고 10의 자리 6에서 5를 빼는 것은 50을 나타내는 구슬을 오른쪽으로 움직이면 돼.

그런데 1의 자리 3에서 8을 빼는 것은 10의 자리에서 구슬 한 개를 빌려와야 하고, 10에서 8을 빼면 2가 남는데 이것은 단위 줄에 포함시켜. 단위 줄에 이미 3이 있으므로 2를 더하기 위해서는 세 개의 구슬을 왼쪽으로 움직이고 5를 나타내는 구슬 한 개를 왼쪽으로 움직이면 계산이 끝나. 답은 3105가 되는 거지.

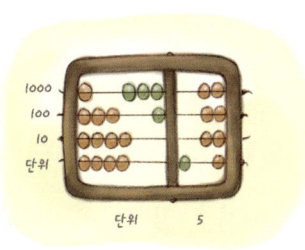

　로마와 지중해 상인들은 이런 방법으로 덧셈과 뺄셈을 했어. 그리고 주판은 그 계산을 정확하고 신속하게 할 수 있도록 해 주었지. 로마 수 체계로는 거의 불가능한 곱셈과 나눗셈은 지루한 덧셈과 뺄셈을 반복하여 계산했어. 24에 3을 곱하는 것은 24를 세 번 더하는 것이고, 3으로 나누는 것은 24에서 남은 수가 없을 때까지 3을 빼는 것이었지. 그리고 각 빼는 횟수를 표시해서 8회라는 것을 알 수 있었어. 이것은 지루하고 고된 일이었지만 중세 유럽인들은 이 방법밖에 몰랐어.

　결국 이러한 약점들 때문에 주판은 필산의 유입 이후 점점 사람들의 관심권 밖으로 밀려났어. 특히 인도에서 0의 개념이 도입되어 '위치적 기수법'의 원리가 발명되었고, 그 뒤로 필산의 힘은 한층 더 강해졌지. 결국 서양의 주판은 아무도 쓰는 사람이 없어서 자취를 감추고 말았지.

　서양의 필산은 근대 이후 동양으로 건너왔고 주판을 사용하던 한국, 중국, 일본 등지에서도 필산법을 애용하게 되었단다. 그나

마 동양의 주판은 서양의 주판보다 여러모로 편리했기 때문에 필산법을 쓰는 인구가 늘어나는 와중에도 어느 정도 생명력을 유지할 수 있었단다.

필산이 전자계산기보다 빠르다고?

다섯 자리 수의 합을 컴퓨터보다 빨리 구할 수 있는 방법이 있어.

방법은 간단해. 우선 친구에게 생각나는 대로 다섯 자리의 수를 쓰라고 해. 그리고 친구가 쓴 다섯 자리의 수 밑에 너희가 또 다섯 자리 수를 써. 다시 친구가 그 밑에 다섯 자리의 수를 쓰고, 너희가 네 번째 다섯 자리의 수를 써. 그리고 마지막으로 친구가 다섯 자리의 수를 쓰면 돼. 이렇게 하면 다섯 자리 숫자를 모두 다섯 번 쓰게 되는데 그 합을 전자계산기보다 빠르게 구할 수 있단다.

다음의 예를 보면서 설명할게.

(1) 먼저 친구에게 다섯 자리 수를 하나 쓰게 해.

　38294

(2) 그 밑에 너희가 다섯 자리 수를 적어. 이때 친구가 쓴 수와 합하여 9가 되도록 하는 것이 중요하단다.

　　　　　38294
　　　　　61705

(3) 다시 친구에게 다섯 자리의 수를 쓰게 해.

   38294

   61705

   82710

(4) 너희는 다시 각 숫자의 합이 9가 되도록 쓰는 거지.

   38294

   61705

   82710

   17289

(5) 친구에게 마지막으로 다섯 자리 수를 쓰게 하면 돼.

   38294

   61705

   82710

   17289

   59218

(6) 이제 너희는 친구가 마지막으로 쓴 수 59218의 마지막 자리에서 2를 뺀 수 59216의 맨 앞자리에 2를 쓰면 이게 바로 답이 되는 거지.

즉, 59218-2=59216

답 : 259,216

이 원리를 알아볼까?

 우선 네 개의 수에서 앞의 두 개의 합은 99,999란다. 여기에 1을 더하면 99999+1=100,000이지. 밑에 두 개도 마찬가지야. 따라서 2만 더해주면 네 개 수의 합은 200,000이 되지. 따라서 마지막 자리에서 2를 뺀 것은 이렇게 만들어 주려고 한 거야. 그리고 앞에 2를 더한 것은 위의 4개의 수를 더한 결과고.

 어때, 신기하고 재미있지. 눈으로만 읽고 넘어가지 말고 직접 연필을 들고 해 보는 게 중요하단다.

제4장

옛날 사람들은 어떻게 나눗셈을 했을까?

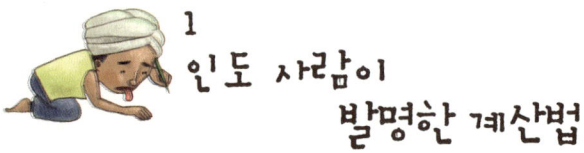

1 인도 사람이 발명한 계산법

옛날 사람들은 어떻게 계산을 했을까? 처음에는 손가락을 사용했고 이후에는 산목과 주판 같은 도구를 사용했지만, 점점 숫자를 종이에 써서 계산하는 필산이 발달해서 결국 대부분의 사람들이 필산으로 계산을 하게 되었어.

그럼 언제부터 사람들이 필산법을 사용하게 되었을까? 그것은 인도 사람들이 숫자를 써서 수를 표현하는 십진기수법(十進記數法)을 발명하고부터야. 결국 계산법의 역사를 이야기하려면 인도에서 출발해야 한단다.

인도 사람들은 숫자와 기수법을 발명했기 때문에 주판을 사용하지 않았어. 그리고 글자를 왼쪽에서 오른쪽으로 쓰는 습관 때문에 수학 계산도 마찬가지로 왼쪽부터 했단다. 그리고 문제의 답도 우리와 달리 위쪽에 썼지.

예를 들어 덧셈을 할 때 우리는 1의 자리, 즉 뒤부터 계산하지만 인도 사람들은 앞에서부터 계산을 하는 거야. 연습 삼아 352에 483을 더해볼까?

```
  3 5 2
+ 4 8 3
```

(1) 우선 100의 자리 숫자 3과 4를 더하면 7이 되지.

(2) 다음에 5와 8을 더해서 13이 나오면 10을 앞의 7에 더해서 8로 고쳐. 그리고 8 옆에 3을 써.

(3) 다음으로 2와 3을 더하면 5가 되니까 정답은 835가 되지.

어때, 지금 우리가 하는 방식과는 정반대지?

뺄셈은 어떨까? 뺄셈에는 두 가지 방법이 있어. 지금 우리가 하는 방법이 그 하나이고, 나머지 하나는 다시 예를 들어 설명할게. 821에서 348을 빼는 경우야.

```
  8 2 1
- 3 4 8
```

(1) 우선 1의 자리, 11에서 8을 빼면 3이 되지.

(2) 다음은 12에서 5를 빼서 7이 된단다. 이 부분이 지금과 다른 점이야. 우리는 11에서 4를 빼는 것으로 계산하잖아.

(3) 마지막으로 8에서 4를 빼서 4가 되는 거야. 이 부분도 지금과 다르지. 우리는 빌려 온 수를 빼는 수에 더하는데 인도 사람들은 빌려 온 숫자를 빠지는 수에 더하는 것이 다르단다.

이번에는 곱셈을 한번 해 볼까? 인도에서 곱셈식은 우리나라와 정반대로 쓴단다. 예를 들어 756을 세 배할 경우, 우리는 756×3이라고 쓰지만 인도에서는 3×756이라고 쓰는 거지. 그리고 '세 배로 만드는 756'이라고 읽어.

(1) ┌─────────┐ (2) ┌─────────┐ (3) ┌─────────┐
    │ 2 1   │   │ 2 2 5   │   │ 2 2 6 8 │
    │ 7 5 6 3 │   │ 7 5 6 3 │   │ 7 5 6 3 │
    └─────────┘   └─────────┘   └─────────┘

(1) 우선 700에서 세 배를 해서 나온 수 21을 위에다 써.

(2) 다음으로 5를 세 배해서 15를 얻고 21의 1을 2로 고쳐.

(3) 마지막으로 6을 세 배해서 18을 얻고 (2)에서 나온 225의 5를 6으로 고쳐 써.

이렇게 인도 사람들은 앞의 수를 지우고 다시 쓰는 방식으로 계산을 했어.

또 다른 방법의 곱셈도 있단다. 이 방법은 밑에 그림처럼 방안지에 대각선으로 선을 그어서 계산하는 거야. 12×735를 계산해 보자.

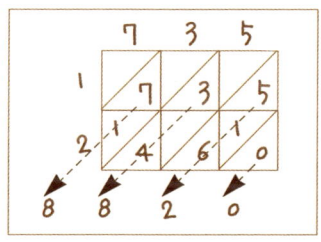

(1) 윗줄에 735를 쓰고 왼쪽에 세로로 12를 써.

(2) 우선 1을 735에 곱해서 그 답을 그림처럼 칸 안에 써. 2도 역시 735에 곱해서 칸 안에 써 넣어.

(3) 전부 곱하고 나면 칸 안에 써 넣은 수를 대각선으로 더해서 8820이라는 답을 얻는 거야.

그러면 나눗셈은 어떻게 했을까? 확실하지는 않지만 나눗셈은 뺄셈을 되풀이해서 푸는 방법이었기 때문에 인도 사람들도 뾰족한 수가 없었던 것 같아. 예를 들어 735÷12는 735에서 12를 계속 빼서, 더 이상 뺄 수 없게 되면 몇 번을 뺐고 나머지가 얼마인지로 구하곤 했단다. 즉 735에서 12를 61번 빼면 나머지는 3이 되므로 735÷12 = 61…3임을 알았단다.

지금까지 인도 사람들의 계산법을 보면, 중간에 숫자를 지우고 다시 쓰는 과정을 반복했다는 것을 알 수 있을 거야. 당시는 연필이나 공책이 없었기 때문에 인도 사람들은 작은 흑판 위에 하얀 액체를 대나무 펜에 묻혀서 숫자를 썼단다. 숫자는 금방 지울 수가 있어서 쓰고 지우는 것이 그렇게 어렵지 않았을 거야. 칠판에 분필로 쓰는 것과 마찬가지라고 생각하면 된단다.

인도의 숫자를 서양에 전파해 준 아라비아 사람들도 인도 계산법의 영향을 많이 받았어. 아라비아의 대(大)수학자 알콰리즈미(al-Khwārizmī, 780?~850?)가 쓴 책에서도 인도 사람처럼 왼쪽에서 오른쪽으로 덧셈과 뺄셈을 하는 것을 볼 수 있지.

곱셈 역시도 인도 계산법을 따랐단다. 다만 숫자를 지우는 대신

알콰리즈미 얼굴이 들어간 우표. 알고리즘(algorism)이라는 단어가 이 사람 이름에서 나왔다.

숫자 위에 +, × 표시를 했을 뿐이야. 나눗셈도 마찬가지였지.

 비록 아라비아 계산법이 인도의 계산법을 본뜨기는 했지만 인도 계산법이 서양으로 전파되는 데 큰 역할을 했단다.

2 레오나르도 피보나치

12세기 후반, 이탈리아 피사에 레오나르도 피보나치(Leonardo Fibonacci, 1170~1250)라는 소년이 있었어. 이 소년은 훗날 당대 유럽에서 가장 뛰어난 수학자가 되었단다.

상인이었던 아버지 덕분에 피보나치는 세관 일에 대해서 여러 가지를 배울 수 있었지. 세관이란 항구에서 수입하고 수출하는 물건들을 조사해서 세금을 매기는 곳이야. 피보나치는 그곳에서 자연스럽게 산술을 배우게 되었지. 그리고 인도-아라비아 숫자와 계산법을 배우고 아라비아의 수학자 알콰리즈미의 로그도 열심히 공부했단다.

나중에는 이집트, 그리스, 시칠리아 등을 여행하면서 여러 가지 계산법을 배웠지. 그중에서도 인도 계산법의 훌륭함에 감탄했단다.

여행에서 돌아온 피보나치는 산술 책인 『산반서』를 쓰기 시작했어. 그 책에는 인도-아라비아의 계산법과 기수법에 대한 내용이 자세히 설명되어 있지.

전체 15장으로 된 책 1장 첫 부분을 보면 "인도의 아홉 개의 숫자는 9, 8, 7, 6, 5, 4, 3, 2, 1이다. 이 아홉 개의 숫자는 0과 함께 어떤 숫자라도 나타낼 수가 있다."라고 쓰여 있단다.

재미있는 것은 1, 2, 3의 순서로 쓰지 않고 9부터 쓴 점이야. 이것은 아라비아 사람들이 문자를 오른쪽에서 왼쪽으로 쓰기 때문이란다. 분수를 쓸 때도 $7\frac{3}{5}$을 $\frac{3}{5}7$이라고 쓴단다. 2장에는 정수의 곱셈이 나오고, 3장에는 정수의 덧셈이 나와.

그럼, 피보나치가 어떤 식으로 곱셈을 했는지 한번 살펴볼까? 49×8을 해 보자.

우선 49를 쓰고 그 위에 곱하는 수 8을 써. 그리고 맨 위에 답을 쓰는 거야. 지금 우리가 하는 방법과 반대가 되겠지. 우리는 큰 수가 위, 작은 수가 아래, 그리고 답을 맨 마지막에 쓰잖아.

```
3 9 2
    8
  4 9
```

피보나치의 산술 책은 아라비아 산술을 유럽에 전해 준 귀중한 책으로 오랫동안 유럽에서 사용되었단다. 자연히 피보나치의 명성은 높아져서 나중에는 이탈리아를 넘어 전 유럽에 알려졌지. 몇백 년 후에는 전 유럽에 인도의 계산법이 널리 퍼져서 덧셈과 뺄셈까지 인도 계산법으로 하는 사람들도 생겨났단다.

참고로 당시 이탈리아에서 유행했던 곱셈에 대해 잠시 알아보고 넘어가자꾸나.

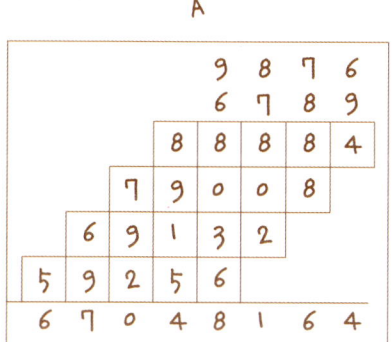
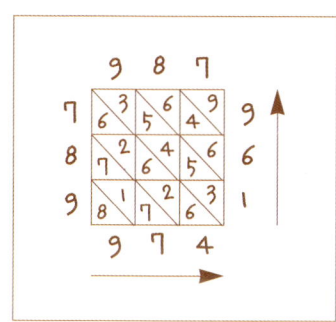

A는 지금 우리가 사용하는 방법과 거의 차이가 없어.

B는 인도 계산법과 비슷해. 창문틀과 닮았다고 해서 격자 곱셈이라고 하지. 이 외에도 여섯 가지 정도의 곱셈 방법이 있어.

3 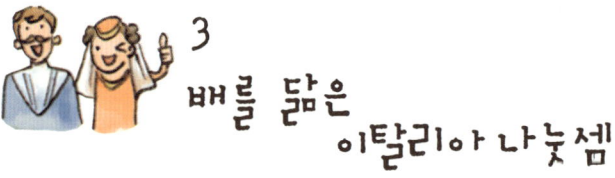 배를 닮은 이탈리아 나눗셈

할아버지가 여러 번 말했듯이 나눗셈 계산은 어느 나라든 별다른 수가 없었어. 뺄셈을 몇 번이나 되풀이해서 답을 구했단다.

15세기 이탈리아에 필리포라는 아이가 있었는데 어느 날 학교 선생님이 로마 숫자로 나눗셈을 해 보라고 문제를 내시자 필리포는 "로마 숫자로는 못 하지만, 아라비아 숫자라면 할 수 있어요."라고 대답한 뒤 1번 그림처럼 계산했단다. 지금 보면 굉장히 이상한 계산법이지만 필리포는 계산이 끝난 숫자를 지워가면서 나눗셈을 했지.

그러자 선생님이 "다른 방법으로 나눗셈을 해 봐라."라고 말씀하셨어. 필리포는 열심히 궁리해서 2번 그림처럼 계산했지.

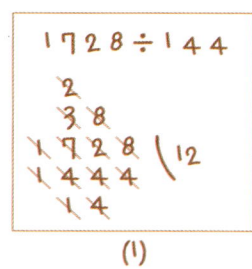

이 방법은 지금 우리가 쓰는 나눗셈과 아주 비슷해. 단지 28을 두 번 쓰는 것과 답을 아래가 아니라 옆에다 쓰는 것이 다를 뿐이야. 이 무렵부터 선으로 지워가면서 쓰는 방법을 사용하지 않고 새로운 방법으로 나눗셈을 하게 되었어.

필리포가 한 것처럼 숫자를 지워가며 하는 나눗셈을 이탈리아에서는 갤리법(galley division)이라고 했어. '바텔로법'이라고도 불리는 갤리법의 '갤리'는 옛날 로마에 있던 여러 층으로 된 배 이름이야. 나눗셈을 해서 숫자들이 늘어선 모습이 마치 이 배 모양을 닮았다고 해서 붙인 이름이지.

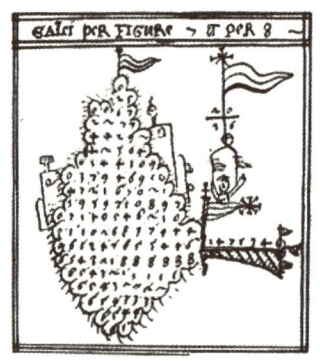

16세기 베네치아의 한 수도사의 미출간 원고에 나와 있는 갤리법

갤리법은 인도에서 맨 처음으로 사용했고 오늘날에 쓰이는 나눗셈 방법이 나오기 전까지 가장 널리 사용된 나눗셈 방법이었단다.

이탈리아를 포함하여 유럽에서 최초로 인쇄된 산술 책은 저자를 알 수 없는 『트레비소 산술서』였어. 이 책은 베네치아와 북부 지방을 잇는 무역로에 위치한 트레비소 지방에서 1478년에 출간된 것으로 지금은 구하기가 무척 어려운 책이야. 주로 수를 쓰는 방법, 수를 계산하는 방법, 조합이나 교역에 필요한 수 계산 방법 등을 다루고 있지.

그리고 1491년 피렌체에서 필리포 칼란드리(Filippo Calandri)가 쓴 『산술』이 출간되었어. 오늘날 우리가 사용하는 나눗셈을 처음으로 소개하고 있는 이 책은 이탈리아에서 최초로 출간된 삽화 책이었지. 산술과 관련된 여러 가지 재미있는 문제를 수록하고 있어.

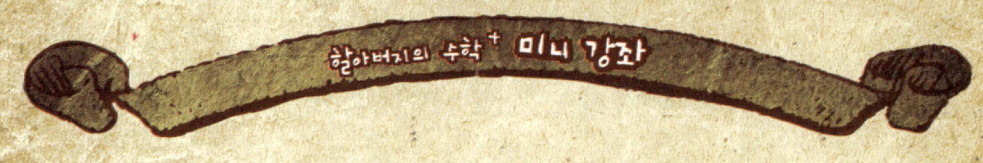

로마 숫자로 곱셈에 도전해 보자

로마 숫자 I은 1이고, V는 5, X은 10, L은 50, C은 100, D은 500, M은 1,000이라고 예전에 할아버지가 이야기한 적이 있는데 기억하니?(1권 136쪽 참조)

예를 들어 2738은 1,000이 두 개이므로 MM, 100이 일곱 개이므로 CCCCCCC, 10이 세 개 이므로 XXX, 1이 여덟 개이므로 IIIIIIII로 나타내야 하는데 5는 V로, 500은 D으로 나타냈기 때문에 2,738은 다음과 같이 나타냈지.

2,738 = MMDCCXXXVIII

그럼 1,974는 어떻게 나타냈을까?

앞에서와 같은 방법으로 나타내면 다음과 같겠지.

1,974 = MDCCCCLXXIIII

그런데 로마 수 체계에는 신기한 규칙이 있었어. 작은 수가 큰 수의 앞에 오면 빼기를 뜻한다는 거야. 이를테면 4는 IIII가 아니라 5보다 1이 작은 수라는 뜻으로 IV와 같이 나타냈지. 이런 수는 너희들도 많이 봤지? 마찬가지로 90은 LXXXX이 아니라 100보다 10이 적은 수라는 뜻으로 XC으로 나타냈단다. 이런 방식으로 1,974를 다시 나타내 볼까?

우선 900은 1,000보다 100이 적으므로 CM이 되겠지. 그리고 4는 IV라고 했지? 그래서 1974는 다음과 같이 나타냈단다.

1,974 = MCMLXXIV

이것도 약간 복잡하지? 그런데 이런 복잡한 수 체계로도 곱셈을 할 수 있었을까? 힘들긴 했지만 전혀 불가능한 일은 아니었단다.

28×23을 로마 숫자로 계산해 보자.

우선 곱하려는 두 수를 나란히 써. 그런 다음 왼쪽에 쓴 수를 반으로 나누어 밑에 쓴단다. 2로 나누었을 때 나머지가 있으면 그냥 버려. 그래서 28을 2로 나누면 14, 14를 2로 나누면 7, 다시 7을 2로 나누면 몫은 3이고 나머지가 1인데, 나머지는 역시 버려. 다시 3을 2로 나눠 몫은 취하고 나머지는 버려. 이런 식으로 수를 나타낸 것이 다음 장에 있는 그림이란다.

그럼 오른쪽에 있는 수는 어떻게 하느냐고? 왼쪽의 수를 2로 나누는 동시에 오른쪽의 수는 두 배를 한단다. 즉, 23의 두 배는 46, 46의 두 배는 92, 92의 두 배는 184, 184의 두 배는 368이 되지. 그리고 왼쪽이 홀수인 경우에 오른쪽에 있는 수를 더한단다.

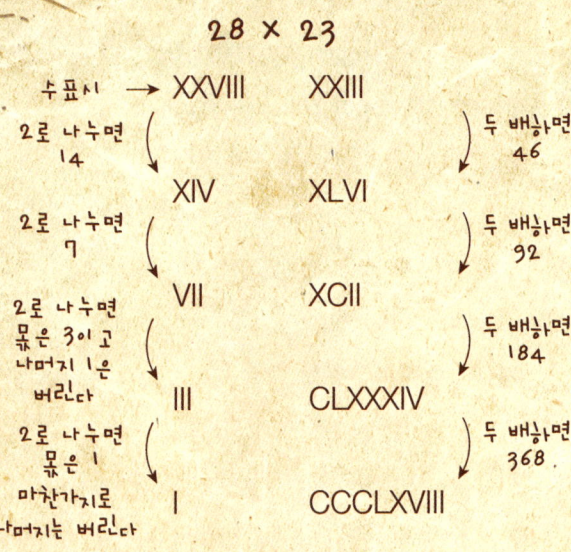

 왼쪽이 홀수인 경우는 7, 3, 1이고 이때 오른쪽에 있는 수는 각각 92, 184, 368이지? 이 세 수를 더하면 92+184+368=644가 되지. 이 값이 바로 두 수를 곱한 값이란다.

제5장

+, −는 누가 맨 처음 사용했을까?

1
3+4=7의 옛날 표기법

수학 공부를 할 때 우리는 여러 가지 기호를 사용하지? +, −, ×, ÷, =부터 부등호 〈, 〉, ≤, ≥ 그리고 제곱근을 나타내는 √(루트)까지 종류도 참 다양해. 모두 단순한 형태로 쓰거나 외우기에 편리하지. 이 기호들은 언제부터 쓰기 시작했을까? 간단하게 보이지만 이 기호들을 만들고 사용하기까지 400~500년 전부터 수많은 학자들이 연구해왔단다.

이렇게 간단한 기호를 연구하는 데 몇백 년이나 걸렸다니 이상하게 여길지도 모르겠구나. 하지만 우리가 잘 아는 콜럼버스의 달

제5장

+, −는 누가 맨 처음 사용했을까?

1 3+4=7의 옛날 표기법

수학 공부를 할 때 우리는 여러 가지 기호를 사용하지? +, −, ×, ÷, =부터 부등호 〈, 〉, ≤, ≥ 그리고 제곱근을 나타내는 √(루트)까지 종류도 참 다양해. 모두 단순한 형태로 쓰거나 외우기에 편리하지. 이 기호들은 언제부터 쓰기 시작했을까? 간단하게 보이지만 이 기호들을 만들고 사용하기까지 400~500년 전부터 수많은 학자들이 연구해왔단다.

이렇게 간단한 기호를 연구하는 데 몇백 년이나 걸렸다니 이상하게 여길지도 모르겠구나. 하지만 우리가 잘 아는 콜럼버스의 달

갤 이야기처럼, 보기에는 쉬워 보이고 누구나 할 수 있는 일이라도 그것을 제일 먼저 하기란 쉽지 않단다.

그럼 이런 기호가 없을 때는 수학 공부를 어떻게 했을까? 고대 이집트인이나 그리스인들은 모두 문장으로 풀어서 썼단다.

예를 들어 $3+4=7$이라는 식을 옛날 사람들은 '3에 4를 더하면 7이 된다.'라고 문장으로 풀어서 썼어.

하지만 이렇게 문장으로 풀어서 쓰면 굉장히 번거롭잖아? 그래서 좀 더 편리하게 나타낼 수 있는 방법을 생각하게 된 거야. 어떤 사람이 자기 마음대로 정한 기호를 사용했다가 다른 사람들도 편리하다고 생각해서 쓰게 되면 그것이 덧셈 기호가 되기도, 곱셈 기호가 되기도 했지. 그럼, 지금부터 어떤 사람이 어떤 기호를 발명했는지 알아볼까.

2 사칙 연산 기호의 발명

+, -의 발명

덧셈, 뺄셈을 나타내는 플러스(+)와 마이너스(-) 기호를 처음으로 발명한 사람은 독일의 수학자 요하네스 비드만(Johannes Widmann, 1460~1498)이야. 그가 1489년에 쓴 책에 +, - 기호가 나와 있어.

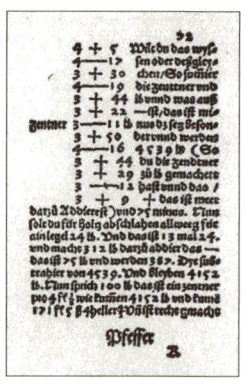

최초의 +, - 기호를 수록한 비드만의 수학 책

그림을 잘 보면 +와 −가 보이지? 하지만 이때 사용했던 +와 −는 지금처럼 더하거나 뺀다는 의미가 아니었어. +는 너무 많다 라는 뜻이었고, −는 모자란다는 뜻이었단다.

덧셈 기호는 덧셈을 나타낼 때 종종 사용되었던 라틴어 et를 축소해서 만든 것으로 보여. 그리고 뺄셈 기호는 $\overline{m}$을 축소한 것으로 보고 있어.

+와 −를 더하기와 빼기의 의미로만 사용했던 사람은 1518년 오스트리아의 수학자인 그라마테우스(Henricus Grammateus)로 알려져 있지만 이미 1514년에 네덜란드의 수학자 호이케(Gielis van der Hoecke)가 +, −를 순수하게 더하기와 빼기 기호로 사용했다고 해. 물론 그 이전에 사용되었을 가능성도 있어.

=의 발명

양쪽이 '똑같다'라고 할 때 우리는 등호(=)를 사용하지. 이것은 덧셈, 뺄셈 기호보다 50~60년 후에 생겼어. 이 기호를 발명한 사람은 영국의 수학자 로버트 레코드(Robert Recorde, 1510?~

1558)야. =는 그가 로그에 관해 쓴 『지혜의 숫돌』에 처음으로 나와. 초기에는 Z 같은 모양이었는데, 나중에 지금과 같은 모양으로 바뀌었지.

레코드는 '같다'는 뜻을 나타내는 기호로 왜 두 개의 선을 나란히 해서 만들었을까? 그것은 '이 세상에 두 개의 평행선보다 더 같은 것은 없다.'고 생각했기 때문이래.

어릴 때부터 주판으로 계산을 했던 레코드는 나중에 옥스퍼드와 케임브리지 대학에서 공부했는데, 수학과 의학을 굉장히 잘했어. 그래서 졸업 후 옥스퍼드 대학에서 학생들에게 수학을 가르치기도 했고, 영국 왕과 여왕의 주치의로도 일했단다.

×의 발명

곱셈 기호인 ×를 발명한 사람은 영국의 수학자 윌리엄 오트레드(William Oughtred, 1574~1660)야. 그런데 어떻게 해서 ×기호를 만들게 되었는지 전해지는 이야기가 전혀 없어서 할아버지가 너희들에게 해줄 이야기가 없구나.

대신 오트레드가 만든 또 다른 수학 기호 이야기를 해 줄게. 바로 비를 나타내는 기호인 · 과 비율을 나타내는 기호인 ::이야. 초등학교 6학년 때 배울 내용이지만 간단히 알아보자꾸나.

다음과 같은 예를 들어볼게.

정민이네 모둠에는 남학생이 세 명, 여학생이 네 명 있는데 이

들을 비교할 때 : 기호를 사용할 수 있어. 즉, 남학생 세 명과 여학생 네 명을 비교하는 것을 3:4로 쓰고 3대 4라고 읽지. 그리고 이것을 '4에 대한 3의 비' 또는 '3의 4에 대한 비'라 하고 간단히 '3과 4의 비'라고 한단다.

만약 남학생이 여섯 명, 여학생이 여덟 명이라면 6:8로 나타낼 수 있겠지? 그런데 3:4와 6:8은 모두 같은 비란다. 즉, 3:4=6:8이지. 그런데 오트레드는 기호 · , ::을 사용해서 다음과 같이 나타냈단다.

$$3 \cdot 4 :: 6 \cdot 8$$

훗날 위대한 수학자가 된 오트레드는 당연한 얘기지만 수학을 무척 좋아했대. 그래서 수학 공부를 정말 열심히 했지만 밤에는 공부를 할 수가 없었어. 전기가 없던 시절이라 양초를 켜고 공부해야 했는데, 검소한 그의 아내가 양초 값이 많이 든다고 못 하게 했기 때문이지. 하지만 수학 공부가 너무나 하고 싶었던 오트레드는 달빛이 환한 밤이면 또 어김없이 수학 책을 펴고 공부했다고 해. 만약 오트레드가 부자여서 밤낮을 가리지 않고 열심히 공부했다면 아마 틀림없이 더 훌륭한 수학자가 되었을 거야.

÷의 발명

나눗셈 기호인 ÷는 스위스의 요한 하인리히 란(Johann Heinrich Rahn, 1622~1676)이라는 사람이 1659년에 처음 사용했단다. 그런데 ÷가 나눗셈 기호로 쓰이기 이전에는 많은 수학자들이 뺄셈 기호로 사용했어. 심지어 스칸디나비아의 몇몇 나라에

서는 ÷를 20세기까지 빼기를 할 때 사용했단다.

그럼, 어떻게 해서 ÷가 나눗셈 기호가 되었을까? ÷를 구성하는 가로 막대와 아래 위의 두 점은 사실상 수를 나타낸단다. 예를 들어 3÷4를 $\frac{3}{4}$으로 나타내는데 ÷는 바로 이 분수의 모양을 본 딴 것이지. 그래서 뺄셈보다는 나눗셈 기호가 더 적절하다고 할 수 있지.

그런데 이 기호를 란에 앞서 영국의 수학자 존 펠(John Pell, 1611~1685)이 이미 사용하였다는 소문이 있어. 단지 란은 펠을 따라했다는 얘기지. 하지만 아직까지 확실한 증거는 없어.

존 월리스(John Wallis, 1616~1703)를 비롯한 영국의 수학자들이 ÷를 나눗셈 기호로 채택한 이후 지금까지 계속 사용하고 있지.

옛날 수학 기호는 어떻게 생겼을까?

현재 수학에서 사용하는 기호는 대부분 15세기 이후에 생긴 것들이야. 이미 앞에서 여러 가지 수학 기호 이야기는 했으니까 여기서는 그 원래의 모양과 출처에 대해 간단히 알아보자꾸나.

이 기호는 덧셈 기호야. 이탈리아어로 '보다 많은'이라는 뜻의 'piu'의 이니셜을 땄지. 이 기호를 처음 사용한 사람은 이탈리아의 수학자 타르탈리아였어.

이 기호는 뺄셈 기호. 이 기호를 처음 사용한 사람은 고대 그리스의 디오판토스였어.

이 기호는 곱셈 기호. 17세기 독일의 유명한 수학자 라이프니츠가 처음으로 사용했어.

이 기호는 나눗셈 기호. 이 기호를 맨 처음 사용한 사람은 프랑스의 J.E. 갈리마르.

이 기호는 원주율 기호야. 1859년 미국 하버드 대학 교수인 벤저민 퍼스가 사용했지. 그러나 이미 유럽에서는 18세기부터 원주율을 π로 썼단다.

이 기호의 의미는 루트($\sqrt{}$)야. 이탈리아 수학자 피보나치가 처음으로 사용했지.

독일의 수학자 크리스토프 루돌프가 처음 사용한 세제곱근($\sqrt[3]{}$) 기호야.

제6장

고독한 수학자 타르탈리아

1 가엾은 어린 시절

16세기 초 이탈리아의 브레시아라는 마을에 니콜로 폰타나라는 아이가 살았어. 아버지는 마을의 우편배달부로 집안 형편이 넉넉하지는 않았지만 행복하게 살았단다.

니콜로가 여섯 살 때, 이탈리아와 이웃 나라 프랑스 사이에 전쟁이 벌어졌어. 이탈리아 군대는 강력한 프랑스 군대에 힘없이 무너졌고 니콜로가 사는 마을도 프랑스군에 포위당했지.

프랑스 병사들을 피해 니콜로 아버지는 니콜로를 등에 업고 교회로 도망쳤지만 결국 발각되어 무참하게 살해당했어. 프랑스군

이 물러간 뒤 니콜로 어머니가 교회로 달려가 보니 니콜로와 니콜로 아버지가 쓰러져 있었지. 어머니는 니콜로를 부둥켜안고 슬픔에 몸부림치다가 그의 몸이 아직 따뜻하다는 것을 알아차렸지.

그렇게 구사일생으로 살아났지만 니콜로는 온몸에 상처를 입고 턱을 심하게 다쳐서 말을 제대로 못하게 되었어. 항상 말을 더듬는 그에게 어느새 말더듬이를 뜻하는 '타르탈리아'라는 별명이 붙었지. 하지만 니콜로는 개의치 않았어. 오히려 그 이름을 나중에 자신이 쓴 책에 본명 대신 쓸 정도였지. 그래서 역사가들도 그를 니콜로 타르탈리아(Niccoló Tartaglia, 1499~1557)라고 적고 있단다.

아버지가 돌아가시자 불우한 집안 형편 때문에 타르탈리아는 15살이 될 때까지 학교에 다니지 못했단다. 하지만 공부가 하고 싶었던 그는 동네 친구들에게 책을 빌리거나, 사람들에게 물어보면서 혼자 공부했지. 어려운 환경에서도 공부에 대한 열정을 잃지 않고 열심히 노력해서 30살이 되던 해, 마침내 수학 교수가 되었어.

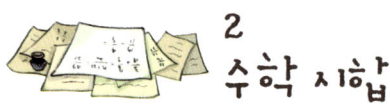

2 수학 시합

당시 이탈리아 볼로냐 대학에 페로라는 수학 교수가 있었어. 그는 아라비아 숫자를 연구했고 3차 방정식의 해법도 최초로 발견한 사람이야. 3차 방정식은 많은 수학자들이 풀기 위해서 무던히 애썼지만 해답을 발견하지 못한 문제였지. 페로는 피오르라는 제자에게만 그 해법을 알려주고 세상을 떠났단다. 결국 3차 방정식의 풀이를 아는 사람은 피오르뿐이었지.

당시에는 수학 문제를 가지고 시합을 하는 것이 대유행이었어. 어느 수학자가 한 가지 사실을 발견하면 다른 사람이 바로 시합을 제의하는 거야. 상대방이 아무리 유명한 사람이라도 시합을 할 수 있었어. 시합 방법은 양쪽에서 똑같이 문제를 내고 기한을 정한 다음, 그 기한 안에 더 많은 문제를 푸는 쪽이 승리하는 것이었지.

열심히 연구한 타르탈리아도 3차 방정식의 해법을 찾게 되었지. 기쁨에 찬 그는 "3차 방정식의 해답을 찾았다!"라고 세상에 발표했지.

그러자 피오르도 지지 않고 "나도 알고 있다!"라고 주장한 거야. 타르탈리아와 피오르는 결국 1535년 2월 22일 수학 시합을 벌이게 되었단다. 타르탈리아는 나중에야 경쟁자 피오르가 페로 교수에게서 해답을 전수받았다는 사실을 알았지만, 기죽지 않고 더욱 분발하여 수학 연구에 매진했단다.

마침내 시합날인 22일이 되었어. 시합은 밀라노의 한 교회에서 열렸고 양쪽이 각각 30문제씩 출제한 뒤 50일 안에 30문제를 더 많이 푸는 쪽이 승리라고 정했지.

타르탈리아는 피오르가 낸 30문제를 불과 두 시간 만에 모두 풀었지만 피오르는 30일이 지날 때까지 단 한 문제도 풀지 못했어. 결국 시합은 타르탈리아의 완승으로 끝났지.

 이 일이 이탈리아 전국에 알려져 각지에서 3차 방정식의 해법을 알려달라는 요청이 빗발쳤지만 타르탈리아는 아무에게도 알려 주지 않았어.

3 비겁한 카르다노

이탈리아 밀라노에 카르다노(Girolamo Cardano, 1501~1576)라는 못된 수학자가 있었어. 거짓말에 능했던 그는 타르탈리아가 3차 방정식의 해법을 안다고 발표하자, 자기도 알고 싶어 타르탈리아에게 편지를 썼어.

'나는 밀라노의 귀족인데 그 해법을 꼭 알고 싶소.' 이 거짓 편지를 받고 타르탈리아는 '저는 지금 아르키메데스와 유클리드의 책을 검토하고 있습니다. 이 검토가 끝나면 대수 책을 쓸 예정인데 그 책에 3차 방정식 해법을 발표하려고 하니 그때까지 아무에

게도 말하지 않는다고 약속하면 해법을 알려드리겠습니다.'라고 답장을 썼어.

카르다노가 그러겠다고 다짐하자 타르탈리아는 해법을 카르다노에게 가르쳐 주었단다.

하지만 못된 카르다노는 타르탈리아와의 굳은 약속을 깨고 1545년에 『위대한 술법』이라는 책에 마치 자신이 3차 방정식 해법을 발견한 것처럼 꾸며서 세상에 발표해 버렸어.

이 소식을 전해 들은 타르탈리아는 너무나 놀라고, 슬프고, 화가 나서 견딜 수가 없었지.

타르탈리아는 카르다노가 훔쳐간 해법이 퍼지는 것을 막기 위해 자신이 그 해법을 발견하기까지의 역사를 쓰려고 했단다. 하지만 생각하면 생각할수록 억울함을 참을 수가 없어서 카르다노에게 수학 시합을 제의했지. 시합 장소는 그 옛날 피오르와 대결을 벌여 승리한 밀라노의 그 교회였단다.

  마침내 시합 날이 다가왔어. 카르다노는 어차피 지는 것이 분명했으므로 만약 졌을 때 변명이나 하려고 자신의 제자인 페라리를 시켰단다. 양쪽이 각각 30문제씩 내고 15일간 푸는 것으로 시합이 시작되었어.

  그런데 불행하게도(?) 카르다노의 제자 페라리는 뛰어난 수학자였어. 3차 방정식의 해법뿐만 아니라 4차 방정식의 해법까지 최초로 제시할 정도였으니까. 결국 수학 시합에서 페라리가 승리하고 말았지.

  그 시합 이후 오히려 타르탈리아가 표절자로 몰려 심한 고생을 했어. 타르탈리아의 실망감은 이루 말할 수 없을 정도였지. 결국 자신의 신세를 한탄하다 1557년에 세상을 떠나고 말았단다.

  사람들은 처음에 3차 방정식 근의 공식을 '카르다노의 공식'이라고 말했지만 요즘은 '타르탈리아—카르다노의 공식'이라고 한단다.

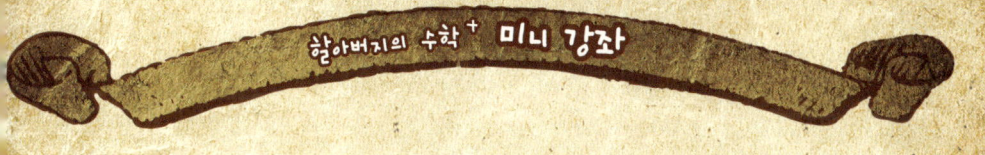

수학계의 여성 파워

지금까지 우리가 수학자와 수학 이야기를 죽 해 왔는데 뭔가 이상한 점 발견하지 못했어? 여성 수학자가 한 번도 안 나왔잖아. 모든 수학사에서 남성 수학자가 압도적으로 많지만 뛰어난 여성 수학자도 없지 않았어. 이번에는 여성 수학자들에 대해 간략히 알아보자.

마리 소피 제르맹(1776~1831)은 프랑스 태생의 수학자야. 당시 프랑스 학계엔 수학은 여인들의 지적

마리 소피 제르맹

수준을 넘어서 있다는 식의 극단적 남성 우월주의가 판치고 있었어. 프랑스 최고의 명문 파리기술고등학교는 아예 남학생만 뽑았을 정도였지. 그래서 제르맹은 르 블랑이란 남자 이름으로 학교 강의록과 문제집을 받아보면서 열심히 숙제를 학교에 제출했어. 그리고 '수학의 황제'로 불리는 가우스와 3년간 편지로 수학에 관한 견해를 주고받기도 했어.

지도교수는 답안지에 나타난 천재적인 수학 능력에 감탄해 제르맹의 정체(?)를 안 뒤에도 그를 제자로 삼았단다. 제르맹은 근대 수학계의 최대 화두였

던 '페르마의 마지막 정리'를 증명할 수 있는 새로운 실마리를 찾아내 수학사에 자신의 이름을 남겼지.

"교수 회의장이 남자 목욕탕인가?" 독일의 유명한 여성 수학자 에미 뇌터(1882~1935)가 괴팅겐대의 강사 임용에서 탈락하자 그의 스승 다비드 힐베르트는 이렇게 분통을 터뜨렸어. 뇌터는 아인슈타인이 "여성의 고등교육이 시작된 이래 가장 훌륭한 천재 학자"라고 극찬한 실력파 수학자였지. 하지만 괴팅겐대 교수들은 "여자 밑에서 배워야 하는 학생의 처지를 어찌 생각할 것인가."라며 뇌터를 교수로 뽑지 않았어. 참 한심한 어른들이었지.

소퍄 코발레프스카야(1850~1891)는 제정 러시아 시대의 수학자였어. 당시 러시아 대학에서 남학생들만 뽑자, 소퍄는 남편과 함께 독일로 유학을 가서 수학을 공부했어. 그녀가 20대 시절에 쓴 편미분 방정식에 관한 박사학위 논문은 오늘날 '카우치-코발레프스카야 정리'로 불린단다.

이들 외에도 남성들의 멸시를 참아가며 수학을 연구한 여성 수학자들이 누가 있는지 찾아보지 않으련.

제7장

동서양의 재미있는
수학 문제

1 조선 시대의 수학 문제

남병길이 쓴 『구장술해』

너희들 중에는 수학은 머리만 아프고 재미없다고 생각하는 친구들이 굉장히 많을 거야. 하지만 수학의 원리를 알려주는 재미있는 문제들을 풀어보면 아마 생각이 달라질걸. 기대해도 좋단다.

먼저, 아주 오래전 우리 조상들이 풀었던 문제들을 풀어보자. 물론 어려운 문제도 있고, 쉬운 문제도 있어. 그리고 문제에 제시된 단어나 단위 중에는 오늘날 우리가 사용하지 않는 것도 있단다.

다음 문제는 조선 철종 때 수학자 남병길이 『구장산술』을 해설해서 쓴 『구장술해』에 나와 있는 문제와 답이란다.

〈문제1〉 가로 12보, 세로 14보인 밭의 넓이는 얼마인가?

〈답〉 가로×세로를 하면 12×14=168보가 나오지. 이게 답이야. 쉽지?

〈문제2〉 $\frac{1}{3}$과 $\frac{2}{5}$의 합은 얼마인가?

〈답〉 $\frac{11}{15}$이 답이야.

이번엔 좀 어려운 문제를 풀어보자. 『구장술해』에 있는 문제를 그대로 옮기면 다음과 같아.

〈문제3〉 상등벼 3병, 중등벼 2병, 하등벼 1병에서 39말을 수확하였고, 상등벼 2병, 중등벼 3병, 하등벼 1병에서 34말을 수확하였고, 상등벼 1병, 중등벼 2병, 하등벼 3병에서 26말을 수확하였을 때 상등벼, 중등벼, 하등벼 각각에서 얼마의 수확이 있었는가?

〈답〉 이 문제에서 상등벼를 x, 중등벼를 y, 하등벼를 z라 하면 다음과 같은 연립방정식으로 바꿀 수 있지.

$3x+2y+z=39$

$2x+3y+z=34$

$x+2y+3z=26$

그리고 이것을 풀면 $x=9\frac{1}{4}$, $y=4\frac{1}{4}$, $z=2\frac{3}{4}$ 가 된단다. 이와 같은 방정식 풀이 방법은 중학교에 가면 배울 거야.

마지막으로 나이를 맞추는 문제를 알아볼까?

〈문제 4〉 갑과 을 두 사람이 있다. 갑이 을에게 말하기를 네가 네 나이 여덟 살을 나에게 주면 내 나이는 네 나이의 두 배가 된다고 하였다. 을이 갑에게 말하기를, 네가 네 나이 여덟 살을 내게 주면 너와 나는 나이가 같다고 하였다. 갑과 을은 각각 몇 살인가?

〈답〉이 문제는 앞의 문제보다는 간단하지만 너희들에게는 어려울 수도 있어. 갑과 을의 나이를 각각 x, y라 하고 식을 세우면 다음과 같단다.

$x+8=2(y-8)$

$x-8=(y+8)$

이 식을 풀면 갑은 56살, 을은 40살이 나오지.

2 중세 서양의 수학 문제

서양에도 재미있는 수학 문제가 많이 있어. 중세 신학자인 앨퀸이 쓴 『젊은이의 명석한 지혜를 돕는 수학 문제』라는 수학 교과서는 거의 300년 동안 널리 읽혀 12세기 유럽에서 가장 일반적인 수학 책이 되었지. 이 책에는 수열에 관한 문제에서부터 단순한 수수께끼까지 모두 53문제가 수록되어 있단다. 몇 문제 풀어보도록 할까?

〈문제 1〉 어느 나라의 왕이 병사를 모집했다. 첫째 마을에서 한

명을 모집하고, 둘째 마을에서는 두 명, 셋째 마을에서는 네 명, 넷째 마을에서는 여덟 명을 모집하는 방법으로 왕은 모두 서른 개 마을에서 신병을 모집했다. 왕은 얼마나 많은 병사를 모집할 수 있을까?

〈답〉 이 문제의 답은 1부터 시작하여 2의 1승, 2의 2승, 2의 3승

과 같이 하여 2의 29승까지 모두 더하면 되겠지. 즉 $1+2+4+\cdots+2^{29}=1,073,741,823$명이란다.

⟨문제 2⟩ 계단 수가 100개인 사다리가 있다. 첫째 계단에 한 마리의 비둘기가 앉아 있고, 둘째 계단에는 두 마리, 셋째 계단에는 세 마리가 앉아 있는 순으로 100째 계단까지 앉아 있다면 비둘기는 모두 몇 마리일까?

⟨답⟩ (첫째 계단의 비둘기 수)+(99째 계단의 비둘기 수), (둘째 계단의 비둘기 수)+(98째 계단의 비둘기 수) 등을 계속 더해 나가면 50째 계단과 100째 계단은 짝이 없어. 그래서 답은 49×100+50+100=5050마리가 나오지. 이 문제는 몇 세기 뒤에 '수학의 황제'라고 불리는 가우스가 어렸을 때 해결했던 1부터 100까지의 합을 구하는 문제와 똑같단다.

⟨문제 3⟩ 한 노인이 어떤 소년에게 이렇게 말했다.

"얘야. 너는 지금까지 산만큼 더 살고, 다시 그만큼 더 살 것이다. 그리고 그 합의 세 배를 더 살게 되고, 만일 신이 너에게 1년을 더 준다면 너는 100년을 사는 것이다."
이 소년은 지금 몇 살인가?

⟨답⟩ 이 책에서는 100에서 1을 빼고 그 값을 3으로 나눈 뒤 다시 한 번 3으로 나누는 방식으로 답을 구하고 있지. 계산을 해 보면 11살이 나온단다.

간혹, 답이 없는 문제가 있어서 사람들을 당황하게 만들었는데 예를 들면 이런 문제도 있었단다.

⟨문제 4⟩ 300마리의 돼지가 3일 연속해서 각각 홀수로 죽었다.

⟨답⟩ 세 홀수의 합으로는 짝수 300을 만들 수가 없어.

『젊은이의 명석한 지혜를 돕는 수학 문제』를 쓴 앨퀸은 이런 문제에서 어떤 중요한 수학적 원리를 유도하려고 하지는 않았어. 그리고 문제들을 체계적으로 배열하지도 않았고. 앨퀸은 수학자라기보다는 오히려 수수께끼를 내는 사람에 가까웠지.

그 이후에 피보나치가 『산반서』라는 책을 쓰며 중세 서양의 수학은 한층 발전하게 된단다. 그럼, 이번에는 『산반서』에 나오는 수학 문제를 몇 문제 풀어보자꾸나.

〈문제1〉 한 남자가 일곱 개의 문이 있는 과수원으로 갔다. 그리고 그곳에서 사과를 땄다. 그가 과수원을 떠날 때 첫째 문지기에게 자신이 가지고 있던 사과의 반과 한 개를 더 주었다. 둘째 문지기에게도 가지고 있던 사과의 반과 한 개를 더 주었다. 이런 방법으로 나머지 다섯 명의 문지기에게 사과를 주었다. 그러자 남자에게는 한 개의 사과만 남았다. 남자는 처음에 몇 개의 사과를 땄을까?

〈답〉 피보나치는 이 문제의 풀이를 남자가 마지막 문지기에게 주고 남은 사과 한 개에서 시작했어. 마지막 문지기에게 남은 사과의 반과 한 개를 더 주고 한 개가 남았으므로, 그때 남자는 네 개의 사과를 가지고 있었겠지? 마찬가지로 여섯째 문에서 그는 열 개의 사과를 가지고 있었고, 다섯째는 22개, 넷째는 46개, 셋째는 94개, 둘째는 190개, 첫째 문에서는 382개의 사과를 가지고 있었다는 계산이 나온단다. 피보나치는 각 단계에서 1을 더하고 2를 곱하여 다음 단계의 사과 개수를 구했지.

〈문제 2〉 50뼘 깊이의 구덩이가 있다. 사자는 매일 $\frac{1}{7}$뼘을 올라오고 $\frac{1}{9}$뼘을 내려간다. 사자가 구덩이를 나오는데 얼마나 시간이 걸릴까?

〈답〉 피보나치는 7과 9로 나눌 수 있는 수는 63이기 때문에 먼저 63일 동안 사자가 움직인 거리를 계산했어. 그러면 63일

동안 사자는 $\frac{63}{7}$뼘인 9뼘만큼 올라오고 $\frac{63}{9}$뼘인 7뼘만큼 내려가겠지. 따라서 63일에 2뼘씩 올라오는 거야. 그러므로 50뼘을 모두 올라오려면 1575일이 걸린단다. 즉, $\frac{2}{50}$ = $\frac{63}{날수}$이고 날수는 25 곱하기 63이므로 1575일이 되는 거지.

그런데 재미있는 것은 이 답이 틀렸다는 거야. 왜냐하면 사자가 마지막에 구덩이에서 나오면 다시 미끄러지지 않기 때문이지. 하루에 $\frac{2}{63}$뼘의 비율로 1570일 뒤에 사자는 $49\frac{53}{63}$뼘 올라와. 1571일째에 사자는 $49\frac{62}{63}$뼘 오르지만 다시 미끄러져서 결국 $49\frac{55}{63}$뼘에 있게 되지. 그리고 1572일째 되는 날에는 $\frac{1}{7}$인 $\frac{9}{63}$뼘을 오르게 되므로 밖으로 나오게 돼. 따라서 정답은 1572일이야.

<문제 3> 사자 한 마리는 네 시간에 양 한 마리를 먹고, 표범은 다섯 시간에 한 마리, 그리고 곰은 여섯 시간에 한 마리를 먹는다. 양 한 마리를 사자와 표범, 곰이 함께 먹는 데

걸리는 시간은 얼마인가?

〈답〉 사자는 한 시간에 $\frac{1}{4}=\frac{15}{60}$마리, 표범은 $\frac{1}{5}=\frac{12}{60}$마리, 곰은 $\frac{1}{6}=\frac{10}{60}$마리의 양을 먹어. 따라서 이들이 한 시간에 먹을 수 있는 양은 $\frac{37}{60}$마리지. 그러므로 한 마리의 양을 함께 먹는 데 $\frac{60}{37}=1\frac{23}{37}$ 시간이 필요하단다.

〈문제 4〉 각각 빵 세 덩어리와 두 덩어리를 가진 A와 B가 우물가에 앉아서 빵을 먹고 있었다. 그때 한 병사가 그들과 합석했고, 그들의 빵을 나누어 먹었다. 세 사람은 모두 똑같은 양을 먹었다. 병사는 빵을 다 먹고 자신의 식사비로 금화 다섯 개를 남겨두고 떠났다. A는 빵이 세 덩어리였으므로 다섯 개 중에서 세 개를 가졌고, B는 두 덩어리의 빵이 있었으므로 금화 두 개를 가졌다. 그들은 공평하게 나눈 것인가?

⟨답⟩ 공평하지 않아. 세 명은 각각 $\frac{5}{3}$씩 빵을 먹었지? A의 빵은 $3=\frac{9}{3}$였고, B의 빵은 $2=\frac{6}{3}$이었어. 그러므로 병사는 B에게서 $\frac{1}{3}$의 빵을, A에게서 $\frac{4}{3}$의 빵을 얻어먹은 셈이야. 따라서 A는 금화 다섯 개 중에서 네 개를 갖고, B는 한 개를 가져야 공평하단다.

⟨문제 5⟩ 죽음을 앞둔 한 노인이 아들들을 불러 다음과 같은 유언을 남겼다.

"내가 말하는 대로 재산을 나누어 가져라."

큰아들에게 말했다.

"너는 금화 한 개와 나머지의 $\frac{1}{7}$을 가져라."

둘째 아들에게

"너는 금화 두 개와 나머지의 $\frac{1}{7}$을 가져라."

셋째 아들에게

"너는 금화 세 개와 나머지의 $\frac{1}{7}$을 가져라."

노인은 이런 식으로 자신의 아들들에게 재산을 나누어 주었고, 나머지 재산 전부를 막내아들에게 주었다. 아들들이 아버지의 유언대로 자신들 몫의 유산을 전부 나누자 신기하게도 모두 똑같았다. 아들은 모두 몇 명이고 재산은 얼마인가?

〈답〉S를 총재산이라고 하고, 아들들이 같은 유산을 가졌으므로 아들들이 받은 유산을 X라 하자. 그러면 큰아들은 X=1+$\frac{1}{7}$(S−1)이고, 둘째 아들은 X=2+$\frac{1}{7}$(S−2−X)가 되겠지? 즉,

$1+\frac{1}{7}(S-1)=2+\frac{1}{7}(S-2-X)$이므로 계산하면 $\frac{1}{7}X=\frac{6}{7}$이 나와. 따라서 아들 각자가 받은 유산은 금화 여섯 개이고, $6=1+\frac{1}{7}(S-1)$이므로 총재산은 금화 36개가 나와. 그리고 S가 X로 나누어 떨어져야 하므로 아들은 모두 여섯 명이야.

〈문제6〉 개미 두 마리가 100걸음 떨어진 간격으로 같은 길을 앞뒤로 왔다 갔다 한다. 첫째 개미는 하루에 $\frac{1}{3}$ 걸음 갔다가 $\frac{1}{4}$ 걸음 되돌아온다. 둘째 개미는 하루에 $\frac{1}{5}$ 걸음 갔다가 $\frac{1}{6}$ 걸음 되돌아온다. 첫째 개미가 둘째 개미를 추월하려면 며칠이 걸릴까?

〈답〉 60일 동안 첫째 개미는 60걸음의 3분의 1인 20걸음 가고, 60의 4분의 1인 15걸음 뒤로 가. 그러면 결국 60일 동안 이 개미는 다섯 걸음 가는 거야. 둘째 개미는 60의 5분의 1인 12걸음 앞으로 가고, 6분의 1인 10걸음 뒤로 가. 따라서 60

일 동안 두 걸음을 가겠지? 그러므로 60일 동안 두 개미는 세 걸음 가까워져. 얼마 만에 100걸음에 도달할 수 있는지를 계산하기 위해 60의 3분의 1인 20에 100을 곱하면 2000일이 나와.

그런데 이 문제도 〈문제2〉처럼 피보나치가 틀렸어. 사실은 1999일째 되는 날에 추월하게 돼. 사자가 마지막에 구덩이에서 나오면 다시 미끄러지지 않듯이 첫째 개미가 둘째 개미를 추월했으면 그것으로 끝난 거니까 다시 뒤로 갈 필요가 없거든.

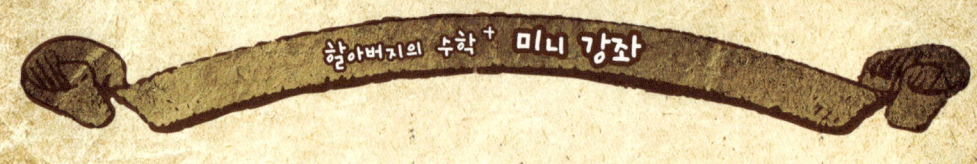

선생님을 놀라게 한 소년 가우스의 계산법

모든 시대를 통틀어 가장 위대한 수학자 세 명은 아르키메데스, 아이작 뉴턴, 카를 프리드리히 가우스란다. 이 중에서 독일의 수학자 가우스는 순수하게 수학 분야만 놓고 생각한다면 세 명 중 단연 으뜸일 거야. 다음 일화는 가우스의 뛰어난 수학 재능이 이미 초등학교 시절부터 드러났음을 보여주고 있단다.

가우스가 열 살이던 어느 날, 수학 선생님이 너무 피곤해서 잠시 쉬려고 학생들에게 어려운 문제를 하나 내셨어. 어린 학생들에게는 계산하는 데 시간이 오래 걸리는 1부터 100까지 차례로 더하는 문제였지.

같은 반 아이들이 1+2=3, 3+3=6, 6+4=10, 10+5=15 하는 식으로 답을 구하고 있는데 가우스는 잠시 생각하다가 숫자 하나를 적어 놓고 가만히 앉아 있었단다. 선생님은 가우스를 혼내려고 그가 쓴 답을 보는 순간 깜짝 놀랬지. 가우스의 답이 정확했기 때문이야. 놀란 선생님은 가우스에게 어떻게 풀었는지 물었단다.

"1부터 차례로 100까지 쓰고 그 밑에 100부터 거꾸로 1까지 쓰면, 각 항의 합은 101이 됩니다. 따라서 101이 100개 있으므로 101×100=10100이지요. 그런데 이것은 같은 것을 두 번 더했으므로 2로 나누어주어야 합니다. 그러면 5050이 나옵니다. 그러므로 1부터 100까지 차례대로 더하면 5050이 됩니다."

$$1 + 2 + 3 + \cdots + 99 + 100$$
$$100 + 99 + 98 + \cdots + 2 + 1$$
$$\overline{101 + 101 + 101 + \cdots + 101 + 101} \Rightarrow 101 \times 100 = 10100$$

$$\therefore 10100 \div 2 = 5050$$

선생님은 가우스의 설명에 감명을 받고 "너는 나를 능가하는구나. 이제 더 이상 너에게 가르칠 것이 없구나." 라고 말씀하셨단다.

가우스의 방법을 일반화하면 다음과 같단다.

$$1 + 2 + \cdots + (n-1) + n$$
$$n + (n-1) + \cdots + 2 + 1$$
$$\overline{(n+1) + (n+1) + \cdots + (n+1) + (n+1)} \Rightarrow (n+1) \times n$$

$$\therefore n(n+1) \div 2 = \frac{n(n+1)}{2}$$

어때, 정말 대단한 수학 천재였지. 벽돌 굽는 노동자의 아들이었던 가우스는 고향 영주(領主)의 도움으로 괴팅겐 대학에 입학해 수학을 전공했어. 이후 모교에서 천문대 대장과 수학 교수를 겸임하면서 평생 동안 수학을 연구했다고 해. 가우스의 업적은 비단 수학뿐만 아니라 물리, 천문, 측지학까지 포함하고 있어서 그를 '위대한 수학자'보다는 '위대한 수리학자'라고 부르는 편이 더 적절하지 않나 싶어.

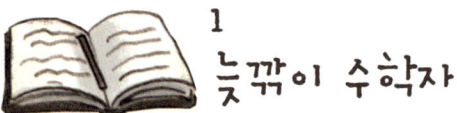

1 늦깎이 수학자

16세기 가장 위대한 프랑스 수학자는 누굴까? 사람마다 다르겠지만 할아버지는 프랑수아 비에트(François Viète, 1540~1603)라고 생각해. 아마 너희들도 할아버지 얘기를 듣다 보면 인정하게 될걸.

비에트는 1540년에 프랑스 퐁트네르콩트라는 곳에서 태어났어. 지금까지 이야기한 유명한 수학자들은 보통 어렸을 때부터 수학이 좋아서 공부한 사람들이었지만, 비에트는 어릴 때 꿈이 변호사였어. 그래서 법률을 열심히 공부해서 재판소의 공무원이 되었지. 앙리 3세와 4세를 섬겨 궁정 고문관이 되기도 했단다.

  그런데도 유명한 수학자로 이름을 날리다니 대단하지? 비에트가 수학을 연구하기 시작한 때가 거의 40살 무렵이었어. 그러니까 늦게 공부를 시작해도 성공할 수 있다는 것을 비에트가 몸소 보여 준 셈이지.

  비에트는 수학 연구에 너무 몰두해서 어느 때는 먹는 것도, 자는 것도 잊어버릴 정도였다고 해. 그래서 남들보다 출발은 늦었지만 실력은 하루가 다르게 늘어서 당시 프랑스에서 가장 뛰어난 수학자로 인정받게 되었지.

  그 무렵 이 아마추어 수학자의 솜씨를 보여주는 사건이 벌어졌어. 네덜란드의 대사가 프랑스 국왕인 앙리 4세의 궁전에 찾아온 거야.

  국왕을 알현한 네덜란드 대사가 이렇게 말했어.

  "우리나라에 아드리아누스 로마누스라는 수학자가 있습니다. 그는 오래전부터 여러 나라의 뛰어난 수학자들에게 기하학 문제를 냈지만 어느 한 사람도 풀지 못했습니다. 폐하의 나라 프랑스에서 풀 수 있는 학자가 있다면 부디 문제를 풀어주시기 바랍니다."라고 말했어.

앙리 4세는 프랑스를 무시하는 대사의 태도에 무척 자존심이 상했지. 그래서 당장 비에트를 불러 이 문제를 풀도록 명령했어.

기초적인 삼각법을 이해하고 있었던 비에트는 로마누스가 낸 45차 방정식 문제가 별로 어렵지 않았어. 그래서 불과 몇 분 만에 두 개의 근을 찾아냈지. 그리고 문제를 계속 연구해서 스무 개가 넘는 근을 찾아냈어. 이 말을 들은 국왕은 매우 기뻐하며 비에트의 수학 실력을 침이 마르도록 칭찬했어. 거만하게 문제를 냈던 네덜란드 대사도, 수학자 로마누스도 깜짝 놀랐지.

이번에는 비에트가 로마누스에게 문제를 냈어. 아폴로니오스의 문제였는데 로마누스는 이 문제를 풀지 못했어. 그래서 비에트가 친절하게 해답을 적어 로마누스에게 보냈지. 비에트의 해답을 보고 로마누스는 그의 위대함과 친절함에 감탄하여, 일부러 프랑스까지 찾아와 비에트와 친교를 맺었단다.

2 대수학의 아버지

비에트는 뒤늦게 수학을 공부했지만 현재 우리가 배우는 수학과 관련해서 많은 발견과 발명을 남겼단다. 그중에서 가장 대표적인 것이 '대수학'의 발명이야. 대수학은 숫자 대신에 숫자를 대표하는 문자를 사용해서 수의 관계, 계산 법칙 등을 연구하는 학문이야.

비에트는 1591년에 발표한 『해석학 입문』에서 처음으로 대수를 기호적으로 다루었어. 오늘날 우리가 사용하는 계수를 나타내는 영문자, 소수의 표기법, 덧셈과 뺄셈 기호, 분수 표시의 가로줄 등을 대중화시킨 거지. 지금은 $4x^2+3x+5=0$과 $(a+b)^2=a^2+3ab+b^2$처럼 사용하는 방정식을 비에트 시대 당시에는 전혀 다른 방정식으로 알고 있었던 거지. 그래서 훗날 사람들이 비에트를 '대수학의 아버지'라고 부르게 되었단다. 그런데 애석하게도 비에트가 활동하던 시절에는 사람들이 대수학을 기하학의 일부라고 생각하고 있었기 때문에 비에트의 업적이 제대로 평가를 받지 못했어.

비에트는 대수학을 기하학과 연결해서 생각했기 때문에 방정식의 근과 계수 사이의 관계를 볼 수 있었음에도 불구하고 양의 근 이외는 답이 없다고 생각했어. 이처럼 우리가 바라는 수준에까지는 이르지 못했지만 해석 기하학의 토대를 단단히 다졌다는 점에서 비에트의 공로를 무시할 수 없단다.

비에트는 방정식론에도 일가견이 있었어. 『방정식의 재검토와 교정』이라는 책에서 2차 · 3차 · 4차 방정식의 해법을 제시했을 정도니까.

이 밖에도 비에트는 삼각법, 대수, 기하학 등을 주제로 많은 책을 썼어. 그는 자신이 쓴 대부분의 책을 자비로 출판해서 사람들에게 나누어 주었단다. 그 덕분에 비에트의 책들은 로그, 좌표 기하학, 사영 기하학, 미분적분학 등 다양한 수학 분야에서 수학 발전의 밑거름이 되었지.

특히 1579년에 발표한 『삼각형에 적용된 수학법칙』이라는 책에서 모두 여섯 개의 삼각함수를 사용하여 평면 삼각형과 구면 삼각형을 푸는 방법을 서유럽에서 최초로 시도해. 그리고 『방정식의 수학적 해법』에서는 방정식의 근을 연속적으로 근사(近似)하는 과정을 상세히 설명한 바 있지. 다들 얘기만 들어서는 무슨 뜻인지 모르겠지? 그만큼 어려운 수학을 비에트가 연구했다고 생각하면 돼.

그리고 우리가 앞에서 '3대 작도 불능 문제'를 살펴봤지? 비에트도 이 문제에 관심이 많았어. 특히 임의의 각을 3등분하는 문제와 정육면체의 부피를 두 배로 만드는 문제가 3차 방정식의 해법에 의존한다는 것을 증명해 보임으로써 이 문제 연구에 많은 기여를 했어.

이처럼 수학계에 많은 업적을 남긴 아마추어 수학자 비에트는

1603년에 이 세상을 떠났어.

  우리가 비에트에게 본받아야 할 가장 중요한 점은 무슨 일이건 늦게 시작하더라도 자기가 좋아하는 일을 찾아서 열심히 노력하면 누구나 그 방면에서 위대한 업적을 남길 수 있다는 사실이야.

3
마법사 비에트

누구든지 비밀로 하고 싶은 일이 생기면 암호를 사용하지? 이 암호와 관련해서 비에트가 활약한 재미난 이야기가 있단다.

당시 스페인은 암호를 만들어 이웃 나라와 몰래 통신을 했어. 암호의 종류가 500개 이상이나 되고, 또 그것들을 서로 복잡하게 조합해서 만들었기 때문에 아무도 해독할 수 없었지.

어느 날, 프랑스 국왕이 스페인의 암호 편지를 손에 넣게 되었어. 하지만 너무나 복잡했기 때문에 그 뜻을 하나도 알 수 없었지. 그래서 비에트를 불러 암호를 해독하게 했어.

비에트는 그 암호 편지를 보자마자 막힘없이 해석할 뿐 아니라, 암호가 어떤 방식으로 구성되어 있는지도 단번에 풀어냈단다.

훗날 프랑스와 스페인 사이에 전쟁이 벌어졌는데, 스페인은 이런 사실을 까맣게 모르고 암호 편지를 계속해서 사용했지. 프랑스는 물론 암호의 원리를 모두 알고 있었기 때문에 스페인의 작전을 속속들이 알게 되었고, 결국 전쟁에서 큰 승리를 거두게 되었단다.

스페인 왕은 암호 편지가 해독되는 것을 이상하게 여겨 "마법사가 암호를 꿰뚫어 보았다."고 로마 교황에게 호소까지 할 정도였어. 그러나 스페인이 마법사라고 생각했던 것은 비에트였고, 그의 마법은 다름 아닌 수학이었단다.

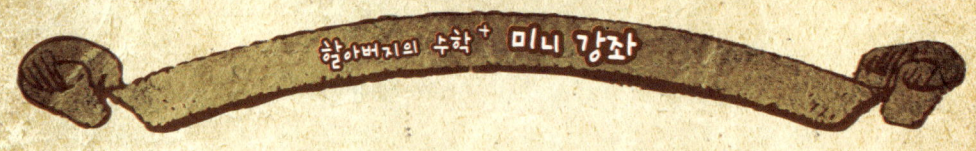

'페르마의 정리'로 유명한 페르마도 아마추어였다고?

피에르 드 페르마

본업은 따로 있고 취미 삼아 수학을 연구한 '아마추어 수학자'가 한 사람 더 있단다. 바로 '페르마의 마지막 정리'로 유명한 피에르 드 페르마(Pierre de Fermat, 1601~1665)야.

페르마도 비에트처럼 프랑스에서 태어났고 본업은 변호사였단다. 그리고 비에트가 죽을 무렵(1603)에 페르마가 태어났으니(1601) 두 사람은 여러모로 비슷한 점이 많았지.

1601년에 프랑스 툴루즈 인근에서 부유한 상인의 아들로 태어난 페르마는 일찍이 법학을 공부해서 변호사가 되었고, 1648년부터는 프랑스 국왕이 임명한 툴루즈 지방의회의 종신 칙선의원(勅選議員)이 되었단다. 아마추어 수학자였던 그는 데카르트와 메르센 등 당대의 과학자들과 편지를 통해 연구 성과를 토론했지만 결론으로 얻은 정리만 보여주고 증명 방법을 풀이하지 않았던 것으로 유명했어. 더욱이 연구 내용을 출판하지 않아 후대 수학자들에게 많은 숙제를 안겨주었지. 그래서 많은 사람들이 아마추어임에도 불구하고 페르마를 17세기 최고의 수학자로 여긴단다.

　페르마는 미적분학의 창시자로 일컬어지는 뉴턴이나 라이프니츠가 태어나기 10여 년 전에 이미 연속곡선에 접선을 긋는 방법을 생각해 냈고 이것을 극대 · 극소의 극한값의 문제로 유도해 미분의 개념을 만들었어. 또 이를 광학에 응용해 최단 시간의 원리로 불리는 페르마의 원리를 발견하는 등 빛의 반사와 굴절 법칙을 유도해 내 역학 발전에도 큰 기여를 했단다.

　페르마는 고대의 수학자 디오판토스가 쓴 정수론의 기본을 다룬 『아리스메티카』를 보고 홀로 연구를 했는데 『아리스메티카』를 공부하면서 틈틈이 책의 여백에 자신만의 정리와 증명을 주석으로 적어 놓았지. 그래서 친화수(amicable numbers)와 같은 다양하고 새로운 정수론을 발견하게 되었지. 페르마가 남긴 정리 중 많은 내용들이 후세 수학자들에 의하여 증명이 되었는데 유독 그의 마지막 정리만은 끝까지 증명되지 않은 채 난제로 남게 되었어. 이것이 바로 그 유명한 '페르마의 마지막 정리(Fermat's Last Theorem)'란다. 사실 이 정리는 그가 남긴 짧은 메모에서 시작해.

　"$x^n + y^n = z^n$"에서 n이 3 이상의 정수일 때, 이 방정식을 만족하는 정수해 x, y, z는 존재하지 않는다. 나는 경이적인 방법으로 이 정리를 증명했으나, 이 책의 여백이 너무 좁아 여기 옮겨 두지는 않겠다……."

어찌 보면 너무 건방진 설명이라고 할 수 있어. 뭔가 어려워 보이는 수식 하나를 두고, 하나의 정리를 내려놓고는 그 정리를 증명했지만 여백이 좁아 따로 쓰지는 않겠다니 말이야.

나중에는 이 정리를 증명하는 데 상금까지 붙었지. 꼭 상금 때문만은 아니었겠지만 이 정리를 증명하기 위해 많은 수학자들이 열심히 연구했고 그 덕분에 정수 이론이 많이 발전했어. 그리고 마침내 1993년 영국의 수학자이자 미국 프린스턴 대학교 교수인 앤드루 와일즈(Andrew Wiles)가 영국 뉴턴 연구소에서 행한 강연 중에 이 정리의 증명을 제시했어. 나중에 약간의 결함이 발견되었지만 자신의 제자와 공동 연구를 통해 보완하기도 한 와일즈 교수는 결국 1994년에 '페르마의 마지막 정리'를 완벽하게 증명해 냈단다.

참고로 앤드루 와일즈가 1년만 일찍 이 증명에 성공했다면 1994년에 수학의 노벨상이라 불리는 필즈상(Fields Medal)을 받았을 거야. 4년마다 수여하는 이 상은 40세 미만의 수학자에게만 수여한다는 규칙이 있어서 불행히도 1998년에 이미 만 40세가 넘은 와일즈는 상을 받을 수가 없었어. 물론 공로상을 받기는 했지만 본인은 얼마나 아쉬웠을까.

제9장

옛날 사람들은 어떻게 길이를 쟀을까?

1 온몸으로 길이를 재다

애들아, 오늘은 길이를 재는 법에 대해서 이야기해 보자. 길이를 재는 가장 대표적인 도구가 뭘까? 그래, 바로 자야. 오늘은 이 녀석이 할아버지 대신 너희들에게 길이에 대한 이야기를 해 줄 거야. 졸지 말고 잘 들어야 한다. 자 군, 어서 시작하게!

예, 할아버지. 안녕, 애들아! 나는 너희들의 키를 재거나 물건의 길이를 재는 자야. 내 몸은 대나무나 철, 혹은 플라스틱처럼 여러 가지 물질로 만들어졌지. 가끔 아이들이 나를 가지고 칼싸움을 하다가 두 동강 내기도 하는데, 그럴 때마다 정말 슬퍼져. 난 장난감 칼이 아니라 생활 속에서 필요한 길이를 재는 물건이니까 말이야. 만약 내가 없다면 사람들의 생활이 아주 불편했을 거야.

너희들, 내가 어떻게 태어났는지 아니? 그리고 내가 없었을 때 사람들은 어떻게 길이를 쟀을까?

옛날 사람들도 길이를 재야 할 때 제멋대로 잴 수는 없으니까 기준이 필요하다고 생각했어. 그러다가 사람의 몸을 기준으로 하자는 의견이 나왔어. 사람들의 키나 손, 발 길이는 대체로 비슷했기 때문이야. 그래서 내가 태어나기 전에는 몸과 손발로 길이를 재곤 했어.

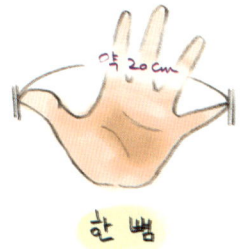

예를 들면 우리나라에 '뼘'이라는 길이 단위가 있어. 물론 지금도 자주 사용하지. 뼘이란 엄지와 다른 손가락을 짝 편 길이로 한 뼘은 20센티미터 정도 돼. 이런 사실로 미루어 보아 옛날 우리 조상들은 처음 자를 만들 때 사람 손가락 길이를 기준으로 한 것을 알 수 있어.

옛날 중국에 '주척(周尺)'이라는 자가 있었는데 이 자 길이가 한 뼘쯤 됐어. 이 자가 우리나라에 도입된 시기는 삼국 시대 이전이야. 그리고 계속해서 중국의 단위를 사용하다가 조선 시대 세종 대왕 때가 돼서야 우리 실정에 맞게 고쳤어.

손을 사용하는 단위 중 우리가 지금도 사용하는 것으로는 발이 있어. 발은 양팔을 활짝 벌린 길이인데 대략 1.8미터쯤 되지.

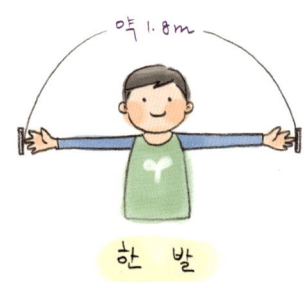

중국에서 한 발은 8척을 가리켜. 중국에서는 가운뎃손가락의 첫째 마디와 둘째 마디 사이 길이를 1촌(寸)이라고 했어. 1촌이 여덟 개면 1척이 되고, 1척이 다시 여덟 개 모여 한 발이 되는 거지.

서양에서도 손을 사용한 흔적이 남아 있어. 로마 시대 사람들은 길이의 단위로 '큐빗(cubit, 약 46센티미터)'을 사용했는데, 팔꿈치를 뜻하는 말이야. 가운뎃손가락과 팔꿈치 길이를 단위로 사용해 물건을 재었지.

우리나라 자 중에는 50~53센티미터 정도의 단척과 54~58센티미터 정도의 장척이 있었어. 단척은 주로 비단을 재는 데 쓰였는데, 이것은 서양과 마찬가지로 팔꿈치에서 가운뎃손가락의 길이를 단위로 사용했어. 요즘도 비단 가게에 가면 팔꿈치로 옷감의 길이를 재는 사람들을 볼 수 있단다. 그리고 장척은 무명을 재는 데 썼어. 그 외에 나무나 대나무로 만든 목척(木尺)이나 죽척(竹尺) 등이 있었지.

손 말고 발을 사용한 경우도 많았어. 미터법을 사용하기 전 프랑스에서는 손가락을 뜻하는 '푸스(pouce)'를 단위로 썼는데, '푸스'는 엄지손가락 첫 마디 길이로 약 2.7센티미터야. 이 '푸스'가 12개 모이면 '피에(pied)'라는 단위가 되고, '피에'는 프랑스어로 발을 뜻해.

영국에서도 발을 뜻하는 '피트(feet)'를 길이 단위로 사용하는데 1피트는 12인치(1인치: 약 2.54센티미터)에 해당하지. 이처럼 여러 나라에서 사람의 발을 길이 단위로 사용하고 있어.

우리나라도 얼마 전까지 신발 크기를 잴 때 '문(文)'이라는 단위를 사용했어. 1문은 약 2.4센티미터쯤 돼. 말이 나온 김에 '문'에 대해 좀 더 알아볼까?

'문'은 원래 돈을 가리키는 말로, 조선 시대 화폐인 상평통보(常平通寶)를 세던 단위였어. 10문은 1돈, 100문은 1냥, 1,000문은

1쾌 또는 관이라고 불렀지. 그리고 무게의 단위로도 사용했어. 요즘은 사라졌지만 예전에 금을 사고 팔 때 '돈'이라는 단위를 사용한 거 기억나? 1돈이 3.75그램이므로 1문은 0.375그램이었단다. 이렇게 화폐 단위와 무게 단위였던 문이 신발의 크기를 나타내는 단위로 쓰이게 된 것이지.

   이처럼 내가 태어나기 전 옛날 사람들은 손이나 발로 길이를 재었어. 하지만 문명이 점차 발달할수록 정확한 수치가 필요하게 되었지. 그래서 국가에서 법률로 나의 길이를 정해주었지. 이것이 내가 이 세상에 태어나게 된 유래라고 할 수 있어. 다음은 앞부분에서 잠시 언급한 '주척' 이야기를 해 줄게.

2
옛날 중국의 자, 주척

약 3,000년 전, 중국 주나라 사람들은 편리한 자를 만들고 싶어서 다음과 같이 생각했어.

'손이나 발로 물건의 길이를 재는 건 불편해. 사람마다 다르니까. 모두 같은 길이로 된 자를 만들면 어떨까. 엄지손가락과 가운뎃손가락을 뻗은 길이는 모두 같으니까 이것을 기준으로 자를 만들자.'

그래서 주나라 이름을 따서 '주척(周尺)'이라는 자를 만들었어. 한 자가 오늘날로 치면 23.1센티미터가 돼. 나의 먼 조상인 주척은 이렇게 해서 태어났어.

하지만 손가락 길이도 사람들마다 조금씩 달랐기 때문에 완전히 같은 길이는 아니었지. 그 후 당나라 때 문물이 크게 발전하자 법률로 자의 기준을 통일시켰어. 이때 소척(小尺)과 대척(大尺), 즉 작은 자와 큰 자의 길이가 정해졌지. 소척은 주척을 기준으로 만들었지만 일상생활에서는 주로 대척을 사용했어.

3 조선 시대 도량형 단위

이번에는 조선 시대 때 나를 어떻게 사용했는지 말해 줄게. 나에 대한 표준이 정해지기 이전에는 같은 나라 안에서도 지역에 따라 서로 다른 길이와 무게 단위를 사용했어. 그래서 이를 통일할 필요가 있었는데, 동양에서는 처음으로 진시황이 도량형을 제도화했지. 도량형은 길이를 의미하는 도(度), 부피를 재는 양(量), 무게를 다는 형(衡)이 합쳐진 단어로 진시황은 이 제도의 표준이 되는 자와 되, 저울을 백성들에게 나눠주었어. 도량형은 수학에서 주로 길이를 재고, 넓이를 계산하며, 들이나 부피를 측정하는 데

진시황

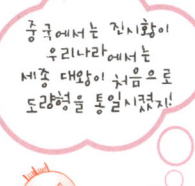

세종 대왕

사용하고 있어.

  도량형에서 표준 단위를 사용하는 것이 가장 중요했는데 우리나라는 조선의 4대 임금인 세종 대왕 때가 돼서야 이루어졌어. 세종 대왕은 각 마을마다 토지를 측량하도록 하는 결부제(結負制)를 실시하여 나라의 조세 정책을 확립시켰어. 그리고 매년 각 고을의 도량형을 정기적으로 엄격히 검사하여 농업과 경제 발전은 물론 수학, 천문학, 역학, 기상학이 발전하는 데 중요한 역할을 했지. 그리고 당시의 도량형을 기준으로 천체관측기, 측우기, 자격루,

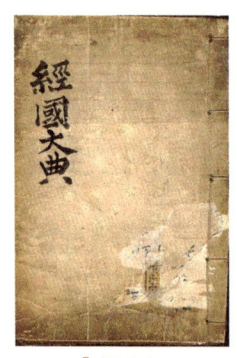
『경국대전』

고저측량기구 등의 과학기구를 만들기도 했고.

『경국대전』에 의하면 길이 단위 명칭은 리(釐), 푼(分), 치(寸), 자(尺), 장(丈)으로 10리는 1푼, 10푼은 1치, 10치는 1자, 10자는 1장 등과 같이 10진법을 따르고 있어. 이것을 오늘날 우리가 사용하는 미터법과 비교하면 1센티미터=3푼 3리, 1미터=3자 3치, 1킬로미터=3300자가 돼.

또 나를 척이라고도 불렀는데, 측량척(測量尺)으로 10푼이 1척(尺)이었어. 1척의 길이는 시대에 따라 조금씩 달랐는데, 가장 빈번하게 사용한 척을 오늘날의 미터법으로 환산하면 1척은 대략 30.3센티미터가 돼.

면적 단위는 작(勺), 홉(合), 파(把), 속(束), 부(負), 결(結) 등을 사용하였고, 10작은 1홉, 10홉은 1파, 10파는 1속, 10속은 1부, 100부는 1결이었어.

 부피 단위는 작(勺), 홉(合), 되(升), 말(斗), 소곡(小斛), 대곡(大斛) 등이었고, 10작은 1홉, 10홉은 1되, 10되는 1말, 15말은 1소곡, 20말은 1대곡이었어.

 그리고 『속대전』이라는 책을 보면 부피를 측정하는 기준이 되는 그릇을 대곡의 경우는 가로 세로 각각 1.12자, 높이 1.72자, 소곡의 경우는 가로 세로 각각 1자, 높이 1.47자, 말의 경우는 가로,

암행어사의 징표였던 마패와 유척

세로 각각 0.7자, 높이 0.4자, 되의 경우는 가로 0.49자 세로 0.2자, 높이 0.2자라고 나와 있어. 따라서 조선 시대의 표준이 되는 가로와 세로 길이가 각각 14.85센티미터이고, 높이가 6.06센티미터인 직육면체였으므로 부피는 1336.37세제곱센티미터(cm^3), 즉 1.336리터였어.

도량형 이야기를 하다 보니까 암행어사 이야기를 안 할 수가 없겠다. 너희들, 암행어사 알지? 흔히 암행어사하면 마패를 떠올리는데, 마패에 새긴 말의 수는 암행어사의 지위를 나타내는 거였어. 말의 수에 따라 몇 마리의 역마와 몇 명의 역졸을 이용할 수 있는가를 나타낸 것이지.

그런데 암행어사에게는 마패보다도 더 중요한 징표가 있었단다. 그것은 어사의 직무를 규정한 사목과 놋쇠로 만든 유척(鍮尺)이라는 자였어. 유척은 조선 시대 도량형에서 척도의 표준이었는데 암행어사는 지방 수령이 백성을 속여 세금을 많이 거두는지 여부를 판정하기 위해 유척을 사용하곤 했어. 그러니 수령뿐만 아니라 일반 백성들에게도 아주 중요한 물건이었지.

조선 초기에 1척은 32.21센티미터였지만 1430년 세종 대왕께서 31.22센티미터로 통일했어. 그런데 오늘날에는 1척이 30.3센티미터야. 이처럼 도량형이 불분명하니까 요즘은 국제 기준인 미터법을 따르고 있단다. 그럼, 미터법의 역사에 대해 간단히 알아볼까?

4
미터법의 역사

미터는 약 200년 전 프랑스에서 태어났어. 미터가 태어나기 전 프랑스에서는 길이를 재거나 무게를 달 때 모두 자기 마음대로 자나 저울을 만들어 써서 생활하는 데 몹시 불편했어.

1789년 프랑스 시민 혁명이 일어나자, 왕과 귀족들이 쫓겨나고 혁명 정부가 들어서게 되었어. 이 혁명 정부가 가장 먼저 한 일이 도량형을 통일하는 것이었어. 당시 정치가였던 탈레랑(Charles Maurice de Talleyrand)은 도량형의 기준으로 "영원히 변하지 않는 것을 기준으로 하자."고 제안했어. 이에 프랑스 과학 아카데미에서는 지구 자오선을 재서 새 단위를 만들기로 했지. 지구 자오선의 측량과 계산은 천문학자인 들랑브르(J. Delambre)와 메솅(P. Méchain)이 맡았어. 이들은 1792년 파리에서 출발해 각각 북쪽과 남쪽으로 길을 떠났어. 그리고 무려 7년간의 긴 여행 끝에 두 사람은 파리 북쪽에서 북극까지, 파리 남쪽에서 적도까지의 거리를 측정해 돌아왔어. 두 사람의 자료를 합쳐 적도에서 북극까지의 거리를 계산했고, 이를 다시 1천만분의 1로 나누었지. 그 결과 '미터'가 탄생했어. 그 후 백금으로 1미터 길이의 '미터원기(meter原器)'를 만들어 세계 미터법 길이의 기준으로 삼았어.

현재 표준으로 삼고 있는 1미터는 빛의 속도에 근거한 '빛이 진공에서 299,792,458분의 1초 동안 진행한 경로의 길이'로 정하고 있어. 이 규정에 따라 우리나라에서는 '요오드 안정화 헬륨 네온 레이저'에서 나온 파장을 기준으로 사용해.

휴, 말을 너무 많이 했더니 힘들다. 내가 길이에 대해 아는 것은 이 정도야. 너희들에게 도움이 됐는지 모르겠다. 다시 마이크를 할아버지에게 넘길게. 할아버지!

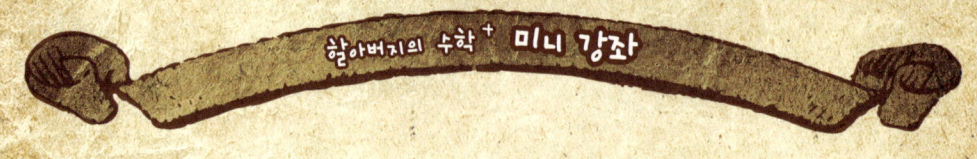

머리가 좋아지는 벽돌 게임

그래, 수고했다. 자 군! 너희들도 재미있었니? 잠시 머리도 식힐 겸 할아버지가 재미있는 게임 하나를 준비했단다.

옛날에 지은 성을 보면 대부분 벽이 올록볼록하게 되어 있지?

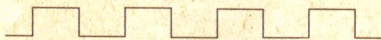

높고 낮은 모양을 가진 이런 형태를 '흉벽'이라고 한단다. 군사들은 흉벽의 높은 부분 뒤로 숨고, 낮은 부분으로는 적의 움직임을 관찰하거나 활을 쐈지. 이와 같은 흉벽은 벽돌을 세우거나 눕혀서 만들 수 있어.

다음 그림에서 세워 놓은 벽돌은 S, 눕혀 놓은 벽돌을 L이라고 하고 이것을 배열하는 게임을 해 보자.

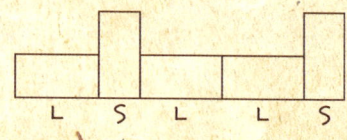

게임 방법은 아주 간단해. 다음 그림과 같이 연속되어 있는 SS는 L로, 연속되어 있는 LL은 S로 바꾸어 주는 거지.

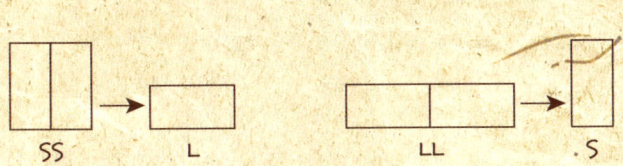

예를 들어, 세워 놓은 벽돌과 눕혀 놓은 벽돌의 배열이 SLSSLSL이라고 하자.

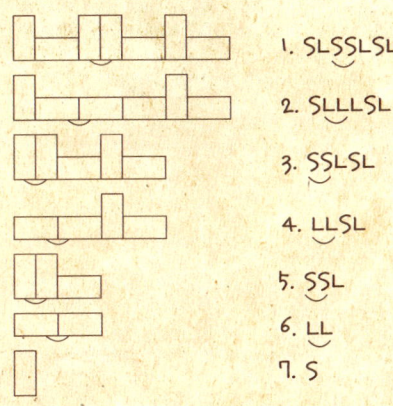

1. SLSSLSL
2. SLLLSL
3. SSLSL
4. LLSL
5. SSL
6. LL
7. S

우선 첫 단계에서는 두 개의 연속되는 SS를 L로 바꿔. 그럼 SLLLSL이 되겠지? 다시 연속된 세 개의 LLL 중에서 앞의 두 개를 S로 바꾸면 SSLSL이 되고 이런 방법으로 계속하다 보면 마지막으로 S 하나만 남게 되겠지?

그런데 둘째 단계의 연속된 세 개의 LLL에서 앞의 두 개가 아니고 뒤의 두 개를 선택하면 다른 결과가 나온단다.

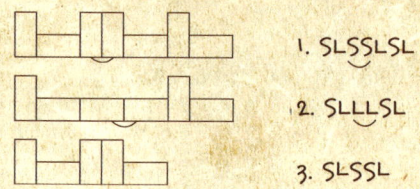

즉, 둘째 단계의 SLLLSL에서 뒤의 LL을 선택하면 SLSSL이 되고, 다시 SS를 L로 바꾸면 SLLL이 되겠지? 여기에서도 다시 두 가지 경우가 나오는데 먼저 앞의 LL을 택하면 SSL이 되고 LL이 되어 결국 S가 돼. 하지만 SLLL에서 뒤의 LL을 택하면 SLS가 되지.

이런 방법으로 더 이상 줄일 수 없을 때까지 줄여서 가장 적은 수의 벽돌을 남기면 이기는 게임이란다. 이 게임에서 한 가지 주의할 사항은 처음에 주어지는 배열은 줄일 수 있어야 한다는 거야. 예를 들어 다음 그림처럼 놓으면 배열을 줄일 수 없겠지?

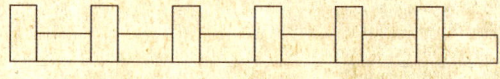

이제 다음 그림을 보고 너희들도 한번 줄여 보겠니?

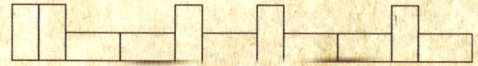

제10장

괴짜 수학자 네이피어

1 천문학자의 수명을 늘리다

 수학 공부할 때 중요한 것 중 하나가 계산력이야. 아무리 좋은 아이디어가 떠올라도 계산법을 모르거나 혹은 틀리면 아무 소용이 없으니까. 빠르고 정확한 계산 실력은 모든 수학자들이 바라는 일이란다.

 산목이나 주판을 사용하거나, 복잡한 숫자로 계산하던 옛날 사람들에 비하면, 지금은 얼마나 편리한지 몰라. 이렇게 편리하게 계산할 수 있게 된 것은 다음 세 가지 발명 덕분이란다.

 인도의 십진 위치기수법과 소수, 로그의 발명이 그것이지. 로그를 빼고는 다 설명해 줬으니까 오늘은 로그에 대해 알아보자꾸나.

예를 들어 단위가 크고 복잡한 수의 계산은 아무리 계산력이 뛰어나도 시간이 많이 걸리고 틀릴 확률도 높겠지?

$38543642 \times 98635 \div 126.439$

이런 계산을 어떻게 하면 좀 더 빠르게 할 수 있을까? 많은 수학자들이 이 문제를 고민했지만 아무도 해결하지 못했어. 그러다가 영국의 수학자 존 네이피어(John Napier, 1550~1617)가 로그를 만들면서 오랜 고민이 끝이 났지.

로그를 알려면 거듭제곱을 먼저 알아야 해. 3을 다섯 번 곱한 것을 $3 \times 3 \times 3 \times 3 \times 3 = 3^5$으로 나타내지? 이와 같이 어떤 수 a를 n번 곱한 것을 a의 n제곱이라고 하고, 이것을 a^n으로 나타내. 그러니 3^5은 3의 5제곱이 되는 것이지. 특히, $a^1 = a$로 나타내며, a, a^2, a^3, a^4, ……을 모두 a의 거듭제곱이라고 한단다. 또 a^n에서 a를 거듭제곱의 밑, n을 거듭제곱의 지수라고 불러. 이런 거듭제곱의 성

질에 대해서는 중학교에서 배우게 될 거야.

이제 로그에 대해 알아볼까?

양수 N에 대하여 $3^x=N$인 x에 대해 생각해 보자. 이를테면 $N=9$이면 $3^2=9$이므로 $x=2$가 돼. 또 $N=\sqrt{3}$이면 $3^{\frac{1}{2}}=\sqrt{3}$이므로 $N=\dfrac{1}{2}$

이고, N=$\frac{1}{3}$이면 3^{-1}=$\frac{1}{3}$이므로 x=-1이란다.

이와 같이 일반적으로 a>0, a≠1때, 임의의 양수 N에 대하여 등식 a^x=N을 만족하는 실수 x는 단 하나만 있어. 이때, x를 'a를 밑으로 하는 N의 로그'라 하고 기호 x=$\log_a$N으로 나타낸단다. 여기서 log는 'logarithm'의 약자야. 보다 자세한 것은 고등학교에 가면 배우게 될 거야. 로그를 사용하면 곱셈은 덧셈으로, 나눗셈은 뺄셈으로 할 수 있어서 굉장히 빠르고 편리하단다.

로그가 발명되었을 때 가장 기뻐한 사람들은 천문학자들이었어. 당시 천문학자들은 계산에 걸리는 시간이 너무 길어서 고생을 하고 있었거든.

독일에서는 천문학자 케플러가 별들이 어떤 경로를 지나가고 있는지 조사하고 있었고, 이탈리아에서는 진자 시계의 논리를 발견한 갈릴레이가 망원경으로 별을 관찰하고 있을 때였어.

어느 천문학자는 너무 기뻐서 이렇게 말했대.

"로그 덕분에 천문학자들의 수명이 두 배로 늘어났다."

네이피어가 로그를 발명한 것은 1614년이었는데, 많은 천문학자들 중에서도 유달리 감동한 학자가 있었어. 영국 옥스퍼드 대학의 수학 교수인 헨리 브리그스(Henry Briggs, 1561~1630)였단다. 이 교수는 네이피어가 로그를 생각하고 있을 무렵, 대학에서 천문학 연구를 하고 있었는데, 로그가 발명되자 그 계산법이 매우 빠르고 간편하다는 것을 알고 굉장히 기뻐했단다. 그는 너무 기쁜 나머지 다음과 같은 편지를 네이피어에게 보냈어.

"저는 옥스퍼드 대학의 브리그스 교수라고 합니다. 당신이 발명한 로그 덕분에 저의 천문학 연구가 많은 도움을 받았습니다. 부디 만나 뵙고 가르침을 받고 싶습니다."

그 뒤 만난 두 사람은 서로의 학문에 감탄하면서 형제처럼 친해졌어. 네이피어의 로그 연구는 그때까지 불충분한 부분이 있었는데 브리그스가 그의 뒤를 이어 로그를 완성했지.

2 네이피어 막대

 네이피어는 1550년 스코틀랜드의 남작 집안에서 태어났어. 13살 때 프랑스로 유학을 떠나 30년 가까이 프랑스에서 공부하고 고국으로 돌아왔지. 수학자가 되려는 생각은 없었지만, 그저 수학이 너무 좋아서 40년 이상 수학을 연구했다고 해.
 네이피어는 로그 외에도 '네이피어 막대(Napier's road)'라는 걸 발명했어. 네이피어가 활동하던 시기는 큰 수를 곱할 때 생기는 어려움 때문에 이런 계산을 대신 수행해 주는 기계적 방법들에 대한 연구가 활발했던 때였어. 네이피어는 이 분야에서도 두각을 나타냈고 그 결과물이 바로 '네이피어 막대' 인 셈이지.

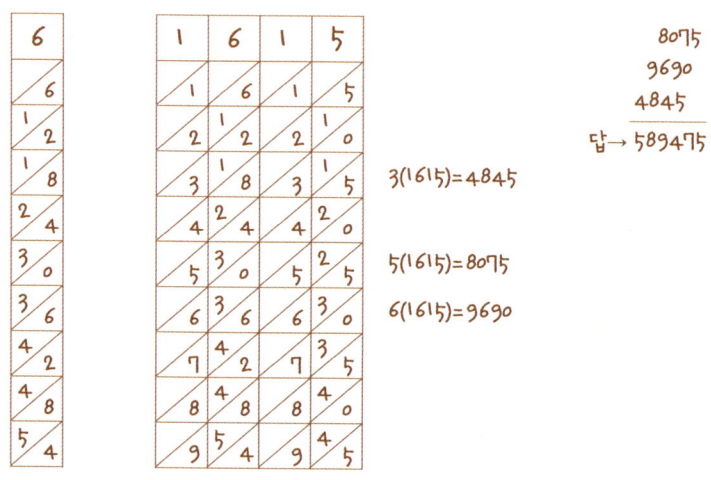

왼쪽에 있는 막대 그림처럼 열 개의 한 자리 숫자 각각에 대하여 그 숫자의 여러 가지 배수를 적은 길쭉한 조각을 만들어. 이 길쭉한 조각이 곱셈에 어떻게 사용되는지 1615×365를 곱해 보자.

먼저 오른쪽 그림처럼 1, 6, 1, 5에 대한 길쭉한 조각을 나란히 붙여 놔. 그리고 1615를 365의 5, 6, 3과 각각 곱해. 그리고 나서 대각선으로 두 숫자를 더하면 5(8075), 6(9690), 3(4845)가 나오겠지? 그 다음 자릿수별로 더하면 589,475를 얻을 수 있단다.

    4장에서 이야기한 이탈리아의 격자 곱셈과 비슷하지? 네이피어 막대는 곱셈과 나눗셈 계산을 굉장히 편리하게 만들었단다.

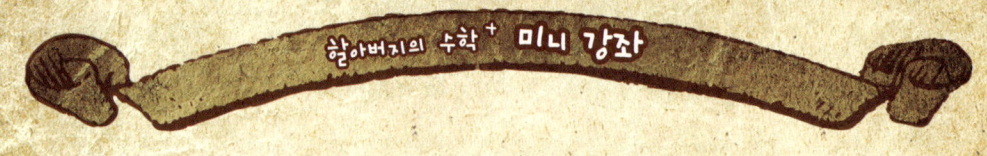

잠수함과 탱크를 예언한 괴짜 수학자

네이피어는 공상과학 소설가이기도 했어. 그는 설계도와 도형 등을 제시하면서 여러 가지 전쟁 무기를 예언했는데 '반경 6킬로미터에 걸쳐서 30센티미터 이상의 모든 생물체를 완전히 전멸시키는' 무기가 개발되며, '물속을 다닐 수 있는 배'가 개발되고, '살아 있는 입을 가지고 모든 방향에서 적을 파괴할 수 있는' 무기가 개발된다고 했어. 그런데 이것들은 제1차 세계대전 때 기관총, 잠수함, 탱크로 개발되어 그의 예언이 실현되었지.

이처럼 네이피어의 뛰어난 상상력과 독창력 때문에 사람들은 그를 정신이 이상한 사람으로 여겼어. 심지어 어떤 사람은 그를 마법사라고 생각하기도 했지. 그래서인지 네이피어와 관련한 일화들이 아주 많아.

어느 날 네이피어가 집안 하인들을 불러 모았어. 하인들 중에 도둑질을 하는 하인이 있었기 때문이야. 네이피어는 수탉을 이용하여 도둑을 잡아낼 수 있다며 하인들에게 이렇게 말했어.

"내 친구에게서 구해 온 이 수탉은 어둠 속에서 거짓말쟁이를 찾아낼 것이다. 만약 거짓말을 한 사람이 수탉의 등을 두드리면 수탉이 달려들어 그의 눈을 쫄 것이다."

　이렇게 말하고 그는 하인들을 한 사람씩 깜깜한 방으로 데리고 가서 수탉의 등을 한 번씩 두드리게 했단다. 그런데 하인들 중에 한 사람만 빼 놓고는 모두 다 손이 까매져 나왔어. 네이피어가 하인들 몰래 미리 그 수탉의 등에 까맣게 색칠을 해 놓았기 때문이지. 도둑질을 한 하인만 수탉의 등을 두드리지 않았기 때문에 혼자만 손이 깨끗했던 거지.

　또, 이런 일도 있었단다.

　네이피어는 이웃집에서 기르는 비둘기들이 자기 집 곡식을 자꾸 훔쳐 먹는 것을 보고 화가 났어. 그래서 이웃집 주인한테 비둘기를 날아오지 못하게 하지 않으면 비둘기들을 모두 잡아서 가두어 놓겠다고 했지. 그러나 이웃집 주인은 네이피어가 비둘기를 잡지 못할 것이라고 여기고 잡을 수 있으면 그렇게 하라고 했지.

　다음 날 이웃집 주인은 땅에 떨어진 비둘기를 조용히 줍고 있는 네이피어를 발견하고 깜짝 놀랐어. 네이피어가 술에 담근 콩을 잔디에 뿌려서 비둘기들을 취하게 만들었던 거야.

행복한 수학영재로 키워주는
어린이를 위한 수학의 역사3

| 펴낸날 | 초판 1쇄 2008년 6월 30일 |
| | 초판 6쇄 2016년 10월 10일 |

지은이	후지와라 야스지로 · 이광연
펴낸이	심만수
펴낸곳	(주)살림출판사
출판등록	1989년 11월 1일 제9-210호

주소	경기도 파주시 광인사길 30
전화	031-955-1350 팩스 031-624-1356
홈페이지	http://www.sallimbooks.com
이메일	book@sallimbooks.com

ISBN   978-89-522-0877-4   74410
살림어린이는 (주)살림출판사의 어린이 브랜드입니다.

※ 값은 뒤표지에 있습니다.
※ 잘못 만들어진 책은 구입하신 서점에서 바꾸어 드립니다.

사용연령 8세 이상   **제조국** 대한민국
제조년월 2016년 10월 10일 **제조자명** (주)살림출판사
연락처 031-955-1350
주소 경기도 파주시 광인사길 30
주의사항 책을 던지거나 떨어뜨리면 모서리에 다칠 우려가 있으니 주의하세요.
KC마크는 이 제품이 공통안전기준에 적합하였음을 의미합니다.